U0043831

中學國文教學心理學

艾 偉 著

中華書局發行

謹 以 此 書 紀
念 亡 友 汪 懋
祖 典 存 先 生

序

　　余友艾險舟教授，從事中國語文學習之科學研究，逾三十年；所用方法，或爲規模宏大之測驗，或爲計劃周密之實驗，或係個案之長期觀察，或係文件之精密分析；事必有徵，語皆有據，積時旣久，資料日多；綜合整理，彙爲三大專著，一曰漢字問題，二曰國語問題，三曰文白問題。前二者爲研究小學語文學習之專著，後者爲研究中學語文學習之專著，故名之爲中學國文敎學心理學。

　　漢字問題一書對識字敎育作精密之研究。漢字有其悠久歷史，有其特殊形態，其形，其聲，其義，三者彼此之關係如何？學習之心理程序如何？經濟的學習法如何？由小學而中學，各級學生應當識字若干？何種字應當先行學習？字之選擇與排列，應根據何種原則？「字」與「詞」有何區別？「詞」的分析應當根據何種標準？其分配應當如何？其學習應當如何？文字之排列，有橫排與直排二法，何者爲優？字之書寫係複雜而精細之行動，學習之心理程序如何？敎學方法如何？凡此種種，皆作者在本書中所欲研究之問題也。主要資料係依據作者在民國十二三年在美京所作之字形觀察測驗，及民國二十年二十一年在南京、杭州所作大規模之漢字測驗，民國二十九年所作詞彙之分析與統計，民國十七八年所作橫排文字與直排文字之閱讀實驗，民國三十年在國立中央大學附設中學實驗班，所作之書法實驗。

　　國語問題一書，以研究國語之學習心理爲對象。研究主題爲兒童閱讀興趣之分析，朗讀與默讀之比較，默讀練習之進展，默讀能力之測量與診斷，辭句之學習心理，基本句式之分析，作文錯誤之分析。主要資料係依據民國二十七八年作者在重慶沙坪壩所作之閱讀興趣調

查；民國三十年在重慶沙磁區所作之朗讀默讀測驗；民國三十一年在重慶市遷建區所作之默讀測驗，而以抗戰以前在江浙兩省所舉行大規模之默讀測驗成績作比較；民國三十二年在重慶市附近及白沙所作默讀能力之診斷測驗，測驗各種不同的閱讀能力：如迅速瀏覽，撮取大意之能力，經心詳讀，記取細節之能力，綜覽全章，挈取綱領之能力，玩味原文，推取含意之能力；及民國三十二年在重慶沙磁區所作中小學作文錯字的分析。

中學國文教學心理學一書，以文白問題為主要之研究對象。首先討論者為中學生文言白話之閱讀能力問題，作者從理解速度各方面作細密之分析；主要資料依據作者在民國十五六年及十七八年所作兩次大規模之中學文白測驗。其次為影響誦習速率之因素問題，如文章之內容與長度，學者學習之興趣與方法等因素，對誦習速率所發生之影響；主要資料係根據抗戰期間國立中央大學附設中學實驗班之各種紀錄。再次為中學教材之詞類、語句、與體裁問題，主要資料係依據作者對中學國文教科書之分析。最後為中學生對國文教材之興趣與需要問題，主要資料係根據賈則復君中學國文教材之調查研究。

三書均以中國語文為研究之對象，其所討論之問題，均為中小學教師，乃至一般社會人士所習見習聞者。各人從日常學習生活之觀察與體驗，對上述問題形成一定之見解。此種見解，有一致者，有不一致者；有正確者，有錯誤者。用科學方法研究教育，卽是要對教育上見解不同之問題，能得一肯定而正確之解答；對常識上相同之見解，予以嚴密之考驗，證明其是否正確或錯誤；其正確者應精益求精，使之能表現在正確的數量上，其錯誤者應予糾正而以準確之知識代之。舉例言之，一般人之見解，每以為兒童記憶優於成人。憶陳果夫先生臥病重慶白鶴林時，潛心教育問題之研究，本其日常生活之觀察，常有許多新穎獨到之見解。一日余前往問疾，先生謂余曰：「人言兒童記

憶優於成人，君謂然否？」余答以「一般人之見解如此，恐未必正確；兒童生活較成人爲簡單，其所學習之事物亦較簡單，故記憶較易，因而覺其記憶力強。如與成人在同樣條件之下，舉行嚴密測驗，結果如何，正未可知也。」余之爲此言，僅發表個人意見，並無實驗資料足以肯定或否定其說。艾教授所作兒童與成人背誦之測驗（中學國文教學心理學第四章），初步結果，即予以否定之答覆，於此益見實驗研究之必要，不可以傳統見解作爲眞理也。

三書所討論之語文學習問題，爲社會人士，尤其是教育界人士所特別關心。作者所用之研究方法與技術雖或涉及專門，而結果之討論，極爲平易。專家讀之，當注意其研究計劃與技術，而考慮如何繼往開來，作進一步之探討。中小學教師讀之，當注意運用其結論於實際敎學活動之中，於以增强教學之效能，擴大學習之效果。所以在教育方面，在學術方面，三書均有迫切需要。三書不但報告艾教授個人研究之結果，對其他學者同樣問題之研究，亦有扼要之報告。爲因應需要，特由本館商請中華書局將前已出版之國語問題、漢字問題影印發行，並將新近脫稿之中學國文敎學心理學排印發行。三書之出而問世，對中國之教育與學術，必有偉大之貢獻也。

民國四十三年十月　王鳳喈序於國立編譯館

自　序

　　本研究工作開始於民國十五年，時中華教育文化基金會贈與國立東南大學科學講座五席，計物理，化學，動物，植物，及教育心理各一，余所擔任者爲教育心理學而其工作之中心則爲中學學科心理學。當開始之時，以中學學科科目浩繁，欲探多務得其結果將終無所獲。於是乃縮小範圍先從初中國文開始。歷時兩月，選出文言及白話材料各十餘篇。最後取用者白話一篇，文言三篇，目的在比較初中一二三三個年級學生之了解能力，在白話方面並量其閱讀速度。測驗區域在最初爲甯滬及滬杭兩鐵路附近之初中學校。費時兩週，用去測卷約三千份。返校後，從事統計，獲得可靠之結果，乃撰成一文，題曰「初中國文成績之實驗研究」載民國十六年七月教育雜誌，此本研究之開端也。

　　次年擴大範圍將測卷分爲甲乙兩量表，量表甲爲白話文言各一篇，其篇幅相當長，文言近千字而白話則有過之。所量除了解能力而外，閱讀速度亦須求出。量表乙有文言，白話各三篇，每篇字數在三百左右，只求理解不求速度。每篇閱讀時間由編者定之，大約速度高者可閱讀一遍以上，實則量表甲所量比較精確，而量表乙所量未免含混，理解與速度均在其中，不可或分也。

　　測驗編製既竣，測驗地區乃擴而充之，第一年包括江蘇南北各校及浙省杭嘉湖甯等縣，第二年則往平津，北通等處。歸校後，以高中二三年級人數仍感不足，並爲擴大代表性計，就中大入學試驗中盡量測以加入。完成之時，量表甲乙各級在一萬六千人以上。此次測驗規模空前，故其代表性亦大。二十四年統計工作完成，撰一報告題曰「中學文白測驗結果之比較研究」都六萬言。載國立中央大學心理教育

實驗專篇第二卷第一期。

在此序文上有云「在此卷頭，吾人試歸納於一點以修正八年前之結論，即文言文如不能廢棄，則從初中一年級起正式國文功課內不應再授白話文。最好在初中一年級之一年中，應由教師選擇淺近文言以作過渡藉便銜接。吾人之爲此言，以最近發現高中三年級之文言成績在理解方面不過百分之四十四，而初中一年級之白話成績則已達百分之五十八。小學六年級畢業時其理解成績如何，吾人未曾研究固難揣測；然百分之五十似亦爲可能之假定。（此假定現已證實）設所假定者不幸而中，是高中畢業生之文言程度尙不及高小畢業生之白話程度，或高中畢業生之文言工具尙不逮高小畢業生之白話工具。因此吾人以爲苟文言文不能廢棄，則在中學六年中應加速的磨治此種工具。現在一般中學教師對於選擇國文教材似無適當之標準，時而文言，時而語體，其選擇之文字，時而佶屈贅牙不可卒讀，時而明白曉暢一目了然。所謂欣賞完全在教師個人方面，初未顧到讀者之學習心理。故吾人今後之研究，應在適當教材之選擇，由淺入深，俾中小兩學得互相銜接，以便一般學生對於文言文之學習得有長足之進步。經五年之薰陶，朝斯夕斯，則至高中畢業時，其成績或不至如五年前（吾人施行最後一次測驗之時）之低劣也。」

作者於民國二十四，五，六三年中主持萬靑試驗學校時，曾發現中年級生亦間或能閱讀文言短課，或竟出口成章，故在拙著「閱讀心理學：國語問題」第七節詳述「高小各年級文言教學之理由」如次：就一般家長之談話而言，多以爲其子女於高小始業之時，取得國語新書，歸而讀之，數小時內即能讀畢而了解全書大意，然在學校則須半年講授。或曰：「國語講授之目的不專在國語知識，且兼及一般知識：」此理由似尙充足，而亦即一般教師奉之爲圭臬者。然夷考其實，則國語教室成爲座談會場，笑語者有之，舉手者有之，此著者目擊之情形。或以此走於極端，不足爲例，然正式的討論普通知識，不但越出

國語範圍以外，且有侵入自然與社會兩科範圍以內之嫌疑。高小分科較詳，門類較專，國語教師對於一般知識，若涉及史地自然專科，未必卽能解釋妥當，且與其他學科重複，亦已失國語敎學原意。故就敎學情形而言，高小國語課本，實已不合學生程度與需要，一部分時間未免虛耗，無庸諱言。在此情形下，非加重分量或兼授文言，不足以資補救，此其一。

吾人須知國語在小學敎學，國文在中學敎學，實僅爲一主張，並無科學根據。就經驗言之，學生中之一部分，誠對文言學習感覺困難，其原因大別有三：曰學者天資魯鈍，曰課本不合程度，曰敎者方法不良。三者必居其一，或皆有之。學生之天資魯鈍者，不但於文言學習感覺困難，卽對其他較難功課，亦不能試驗及格，此其咎不能由文言負之。至於課本不合程度，敎者方法不良，則更爲科學的教育家所應研究之問題，不應盲目接受一般文學家之主觀意見。

就著者經驗所及，初小三年級生已有能說「文白話」者，所謂「文白話」者，爲已故國學泰斗黃季剛敎授之言。黃氏反對白話文，故曰：『現有主張行用白話文者，而吾則將提倡說「文白話」矣。』此種「文白話」，不但國學大師黃敎授能說之，而萬靑試驗學校之初小三年級生亦間或能說之矣。猶憶曾憲洛有云：「這就是畫虎不成反類犬也……」朱昌凌有云：「如之何則可？……」艾國一有云：「輕而且快……。」此三學生，年齡未逾八歲，入學不滿三年，然在適當情境中，能以文言發爲適當之口頭反應。此爲著者耳聞目睹之事實，而在小學生中能說類似之「文白話」，不一而足，因此每有所聞，輒加記載，將能發表一整篇報告，以表示各級「文白話」之進展。現在材料雖不豐富，然小學生對文言之發生興趣，已於此可見一斑。萬小三年級中固未嘗正式講授文言，然若正式授之，就一般小學而言，似可從五年級起。此其二。

小學國語課本中，是否純粹白話未嘗含有文言？對此問題，吾不

知編輯小學國語課本者作何答覆？然一般教育人士之主張，則謂小學
國語課本中，應全屬白話，實際情形是否如斯，似可就現在流行之教
本一加檢查，以明眞相。吾人曾就初小四年級國語課本內辭句加以分
析，結果在一千六百三十四個單詞及二千零二十一個辭句中，經由三
專家之判定意見，認爲其最大多數（前者約爲百分之九十，後者約爲
百分之八十五），屬於文白兩用者，並非純粹白話。（另有表詳「文
白銜接問題研究第一篇」載「敎育心理研究」創刊號第五十五面）。
似此情形，則一部份堅持小學教本應用白話者爲無意義矣。此其三。

　　根據此三種理由，吾人主張小學高級應實行文言敎學。惟文言教
學在初學者之歷程中決非一簡單之事，必於事先逐步作學習心理之研
究。吾人於此固已從事多年矣。從民國二十九年起正式設立中學六年
制學習心理實驗班於國立中央大學，招收新生爲國文學習歷程之研究。
先後十年，搜集材料不少，本書四、五兩章中所述卽其大槪也。語云
「作始也簡將畢也鉅。」本研究工作雖已費時三十年，實爲拋磚引玉
之工作，而飛黃騰達尙在來玆。倘繼之而起者大有人在，實作者所馨
香禱祝也。是爲序。

　　　　鳴謝

　　在此三十年中其襄助作者進行測驗或實驗者實繁有徒。作者於此
不得不加以叙述，以表謝忱。

　　第一作者須感謝易克種助教，彼爲作者民國十五年出發測驗，沿
滬甯滬杭兩路初中各校從事工作者。至周天冲君則以選課關係襄助測
驗。第二作者應感謝范氷心，湯翼雲，嚴銘吉三先生於民國十七年在
江蘇南北各縣及浙省杭嘉湖甯各處襄助測驗。次年復在平津北通等處
工作。往華北時范氷心先生因事缺席，另由鄭大源先生代之。歸來後，
因材料尚感缺乏，則由梅嶺高君在入學試驗中舉行補充工作。

　　在學習心理實驗班從事研究者有范仲德，汝若愚，閔燦西，盧濬，
張淸，張述祖，張德琇，黃堅厚，劉培成諸君。或以研究生資格主持

一種實驗亙一二年之久，或相隨數年繼續不斷以完成研究。

　　最後尙須叙述者則三十年來作者從事此種工作，馬齒日增，體力漸難支持，兼之血壓增高，心臟擴大。近年來幸賴楊有維君及賈馥茗女士對於最後四章襄助整理編輯得竟全功，作者實深感謝。

　　駒光如駛，瞬息卅載。昔日受過測驗之兩萬學生已無復能一一記憶之矣。獨學習心理實驗班諸生方天華，吳百益，艾國一諸君相處六年，見其長成。且諸君在初中畢業時，均能作優美之文言文，無須加以潤色，此卽作者客觀之證明。今則彼等已在美邦完成學業，榮獲博士碩士等學位矣，曷勝欣忭。

艾　偉

中國教育心理研究所

臺灣臺北縣木柵鄉溝子口一四〇號

民國四十三年九月十一日（中秋節）

中學國文教學心理學

目　錄

表　　次

第五章

第六章

圖　次

第五章

第六章

第七章

無圖

楔 子

一、文白界限頗難劃分

筆者積三十年之時間從事中國語文之實驗心理學研究。於此期中襄助工作之得力助手先後凡四十人，其中大半現在或曾在歐、美各國留學已獲得博士或碩士學位，所設計之心理實驗方式達五十種，而被實驗之大、中、小、學生近二十萬人。五年前共匪倡亂，圖書儀器全部淪陷，研究人員星散，研究所因而暫告停閉。就過去之實驗工作，輯成閱讀心理學卷之一：漢字問題，卷之二：國語問題，卷之三：文白問題三書，都五十萬言。前二者已由中華書局出版。後者「文白問題」以性質過於專門，值此反攻前夕，無人問津；復因筆者近年來忙於考試心理學之實驗研究，無暇整理。偶開篋檢視，其中資料因由京而滬，由滬而穗，由穗而港，由港而臺之播遷關係，勢將廢爛，殊堪浩嘆。

根據卅年來之實驗研究，竊以在中國語文發展史上，學術審議會同事胡適之先生確有其偉大之貢献，卽謂渠推翻佶屈聱牙之文言文，而代之以明白曉暢之白話文亦無不可。於玆各門科學加速進展之時，此種革命式之提倡殊爲重要。惟語文之科學整理迄無止境。若謂白話文旣興，一切語文上之工作到此止步，則屬錯誤之觀念。易言之，白話文本身雖有其明白曉暢之優點，然亦有其缺點，卽寫作時未免累贅。某些意思用文言文一百字可以表達者，若用白話文或將需用一百五十至二百二十字，此爲吾人實驗所得者。因之朋輩彼此之間能從事文言文寫作者均避繁就簡而不願用白話文。吾人宜知語文之爲用在求簡化而能達意；二者旣得，則文言可，白話亦無不可。三年前筆者逆旅香港，一日從般含道乘公共汽車下山，途經某站，一五旬僕婦上車，睹

人滿而云「沒座，我落返」，此語簡短而明白，亦卽滿足語文之條件，何必推敲其爲文言抑白話？嚴格言之，文言與白話之界限不易分淸。二者僅爲程度之差別，並無種類之差別 'a difference in degree not in kind'。筆者對於文白之界說曾作問卷之探訪，茲舉例如下：

一、趙敎授之意見：『文言與白話本係相對取義，欲劃明確之界線頗非易易。英文雖有 written language 及 spoken language 之別，含義仍欠明晰。如以語句之含有典故或不易了解者爲文言，則白話之範圍蓁廣。然一般仂語（phrase）或成語如「因噎廢食」「利令智昏」等在略受敎育者固能共喻，自可認爲白話；而一般民衆對之，率難領會，不得不以文言目之。故多數字句可屬於兩方面，不必强爲區分。總之，文言與白話之別常因讀者及聽者之程度而異，無嚴格之客觀標準可言。』

二、潘敎授之意見：『文言，白話原無絕對區別，其間主要相異之處僅在文法構造及助詞前置詞等。至於所用辭句則多半相同。且原屬文言之辭句亦極易爲白話所吸收，故文白之分在此方面恐最難定下界限也。但就可區別者而論，有如下之標準：

（一）凡白話中所用而爲普通文言中所不用者皆可歸入專屬白話之辭句，如「罵道」「喝酒」「千萬別回頭」「只要工夫深」等等。

（二）凡文言中所用而爲一般白話中所不用或不能用者，卽可視爲專屬文言之辭句，如「深望」「邀功乞賞」「田事畢」「約有」「密林」「白骨長埋」「扁舟一葉」等等。此處所謂白話最好以口語爲準。如有一辭句用口語述出時，難於使人領會而必須增加或更換一兩字始能明瞭者，卽屬不能用於白話之辭句。如「深望」須改爲「深深希望」「邀功乞賞」須改爲「邀功討賞」「田事畢」須改爲「田事完畢」「約有」須改爲「大約有」然後可用之於眞正白話中。

（三）凡無上兩項之區別者皆屬文白兩可之辭句。如「點綴」「恭候」「從事報國」「瞻仰」「情不自禁」「考察」「端詳」「一年之

內」「夜深人靜」等等爲文言中所用之辭句，但在白話中亦同樣普通應用。此種辭句在尋常說話或演講中說及時，皆使人一聽卽懂，無須再加解釋。』

三、高敎授之意見：『文白之分本極不易。在知識界之中卽向屬於文言之單詞或辭句亦常作白話之用。如說「上午十時」（文言）不說「上半天十點」（白話）至於成語中之「指鹿爲馬」「緣木求魚」等等本是文言，但因口頭說慣亦可作白話用。所以白話與文言之分在單詞及短的辭句中，尤難分別。

今姑定文白之界說如下：

（一）白話文言之分不在單詞或短句，多在句系中所用助詞，動詞或代名詞之不同，如「旣無糧食又無房子」（文言）「旣沒有糧食，又沒有房子。」（白話）

（二）凡是通俗之談吐並非完全白話，因其爲人說慣卽文言亦可當作白話用，如「我愛國之心並不後人」（文言）

（三）凡是白話並非完全通俗談吐，如在白話文中常用之字亦可稱爲白話如「罵道」。

以上幾種定義似仍不能槪括無遺。

以上三位敎授所言係答覆余所舉下列諸問題者。

一、何謂文言？二、何謂白話？三、文白之區別何在？四、請將下列單詞及詞句分別歸類，何者屬於文言，何者屬於白話，何者在文白兩可之間？

吾人所舉之單詞及辭句係從商務、中華、世界、開明、兒童五書局高級小學一、二、三、四各四冊中摘出者。假使對於某單詞或辭句之評判結果三位敎授認爲屬於白話則寫^白，認爲屬於文言則寫^文，屬於兩可則寫^中。其意見彼此之間有不同者則寫^中^中^中等視其意見紛歧的程度而定。玆將各局敎本分冊總計及其百分比錄後：

表一　高小各冊辭句之分配

冊　　數	總對數量				百分比			
	一	二	三	四	一	二	三	四
總　　計	883	597	774	917	100	100	100	100
白 白 白	6	3	1	0	—	—	—	0
文 文 文	0	0	0	0	0	0	0	0
中 中 中	178	103	84	98	20	17	11	10.7
中 中 白	288	177	71	63	33	30	9	7
中 中 文	182	153	331	467	21	26	43	51
中 文 文	55	59	109	118	6	10	14	13
中 白 白	24	12	3	5	3	2	.4	.5
中 文 白	122	75	146	146	14	12	19	15.9
文 文 白	25	13	29	18	3	2	3 7	1.8
文 白 白	3	2	0	2	—	—	0	—

　　根據上表，三位敎授之評判與分析，似高小國語敎本編輯者無論屬於何書局其趨勢在一、二、三、四、四冊上相當一致。在最上之三行其意見且完全一致。在此渠等認爲五部國語敎本中並無純粹文言文，其有純粹白話者亦微不足道；且其趨勢在一、二、三、四、四冊之中由微小而至於零，而文白兩可者從第一冊之百分之二十降至第四冊百分之十左右。

　　中文白一行爲三人意見最紛歧者，其百分比距離爲十二至十九；文文白白、文白兩行亦爲意見距離相當大者，其百分比均微不足道；至中中中、中中文、白文文白四行爲意見比較接近者。假使將四行併入中中一行，則其百分比在第一冊爲八十三，在第二冊爲八十五，在第三冊爲七十七，在第四冊爲八十二。如此分析之，吾人可歸納得下列兩點：

　　①三位敎授之意見相當接近。

　　②高小國語敎本中所含敎材並非純粹白話，而其大半屬於文白兩可者。

　　試問如此之實際情形爲何產生？此問題極易置覆。卽語文程度於

高小時倘不提高，則吾人之語文水準將僅維持初小程度由編輯者編著些「跑跑跑，跳跳跳」矣！

　　最後余憶及往昔中大同事已故國學大師黃季剛先生故事一則：黃教授素來反對白話文，渠云：『汝等提倡白話文；吾則提倡文白話』。據一般學生云：『黃先生每次授課，吾人倘將之速記，則確將爲一篇傑作。』

　　誠然，黃先生能說文白話；然徵諸民國二十三至六年間余創辦之萬青試驗學校中，彼輩初小三年級之兒童已能間或說文白話。茲舉例如下：

　　憲恪云：『這才是畫虎不成反類其狗。』昌凌謂：『如之何則可？』國一曰：『輕而且快……。』

　　其實學校中所用國語讀本並無文言課，此種文白話係彼輩於環境中偶然習得者。此類材料筆者搜集頗多，惜以抗日軍興，中央大學奉命西移重慶，余私人所辦之試驗學校因經費關係無法存在，至使此項寶貴之研究資料全付散失。總之，語文有其環境，語文亦有其經濟條件。語文之科學研究卽語文之心理學研究，亦卽語文之經濟學研究。語文心理學家所可及者止此而已！至於新語文之產生則爲文學家之責任。尚希文學家速群策群力，以期有成。

二、文言理解確較困難

　　民國十五年筆者在國立東南大學以心理學教授之資格，接受中華教育文化基金董事會所贈與之科學講座，任期七年，所擔任之工作爲中學學科心理學之研究。中學學科科目浩繁，而其基本當屬國語文之心理學研究。其時文白之爭方告停止，一般僅憑主觀之見解互相辯論，所謂仁者見仁，智者見智；問題始終不得滿意之解決。於是筆者乃毅然決然從事初中三級文白成績之比較研究作爲開端，以冀求得精確數字之結果。茲簡述於後並附以必需要之表格。

　　余之開宗明義第一研究，卽文白理解能力之比較，附以白話速率之比較。理解在閱讀上非常重要，初中一生對於文言或白話在閱讀一遍之後各理解百分之幾？此可用心理實驗方法查得。又初中一與初中二及初中二與初中三之比較亦可用同一方法查得。同時在各年級閱讀之快慢中亦可查出精確數字用供比較。

表二　十六年初中國語文測驗結果

		初		中
		一 年 級	二 年 級	三 年 級
人　　　　數		1167	1110	808
文言理解	中　　　　數	46.40	48.25	49.25
	上　四　分　點	48.00	49.38	50.31
	下　四　分　點	45.00	47.13	48.19
白話理解	中　　　　數	52.00	53.05	53.63
	上　四　分　點	53.50	55.19	55.05
	下　四　分　點	50.75	52.06	52.94
白話速率	中　　　　數	240.00	279.00	292.50
	上　四　分　點	260.00	303.75	308.50
	下　四　分　點	226.60	251.25	266.86

△各數以標準差値（S.D値）爲單位÷每分鐘所讀字數

　　表上中數（Median）爲一級學生之中間一數，如一百人中之第五十名，上四分點（Upper quartile）爲優等者在一百人中爲第七十五名；下四分點（Lower quartile）爲劣等者，在一百人中爲第二十五名。在文言理解中數方面初中一與初中二之相隔爲 1.85；初中二與初中三之相隔爲 1.00；在白話中數方面前者爲 1.05，後者爲 .63。又在文言之上四分點，初中一與初中二之相隔爲 1.38，初中二與初中三之相隔爲 0.93；在白話之上四分點前者爲 1.69，後者爲 0.14。就此八數而言，可知各級文言之進步極其自然。初中一與初中二之相隔較初中二與初中三之相隔爲大，亦屬應有之趨勢。蓋一切學習曲線總以最初幾

次之速度大，以後漸減。不過在白話方面，其情形頗不一樣。以中數言之，由初中二以至初中三雖尚有些許進步，然就上四分點觀之，則有退步之趨勢。如此之退步，在數量上雖少；然被測人數幾至一千，甚且在千數以上；由此所得的結果當非偶然。故我們可得結論如次：

『文言文是否被打倒？白話文能否取而代之？在文學家方面其爭論已甚囂塵上，不容科學家置喙於其間。科學家亦豈敢妄參末議？惟本節第二條（主張文言文分量由初中一以至初中三應逐漸加多）稍涉袒護文言文之嫌疑，將來難免主張白話文者之質問。然吾輩之研究，事實俱在，固非信口雌黃者可比也。夫閱書用白話文為一種工具，用文言文亦為一種工具。二年級白話文程度既幾相等於三年級，且有過之者，而文言文程度，則尚加高，是一種工具已漸完整，他種工具尚須磨治。假使文言文不能完全推翻，則小學期內應為磨治第一種工具之時，而中學期內應為磨治第二種工具之時。中學畢業時，兩種工具俱備，可以運用無窮。較之僅有白話文一種工具者，其生活之豐富不可同日而語也。』

此文（國立東南大學教育心理學講座報告第一期民國十六年八月）發表後，頗引起國民政府教育當局之注意，故十八年中學課程標準草案中關於初中國文教材分量方面，當時由劉大白次長、孟憲承教授及筆者三人商討決定。劉次長代表文學家、孟先生代表教育學家、而筆者則代表心理學家。劉先生固主張古話文與今話文之區別者，然竟採納拙見，在教材大綱上說明如下：

『語體文與文言文並選，語體文遞減，文言文遞增。各學年分量約為七與三、六與四、五與五之比例。』

此一說明維持至民國三十年（其間課程標準雖修正幾次）並未更改。在三十七年之修訂標準中關於教材大綱在選擇上規定七點，其最後者為「選擇語體文與明易文言文為各半之比例。」此點之規定是否根據當時心理實驗中之發現殊不得而知。其實筆者對於文白問題從十

五年起繼續研究至研究所停閉爲止，固未常知此一研究。反言之，自十八年敎育部採用拙見以後，筆者本人仍繼續有所發現，並對原來意見隨時有所修正，如二十四年六月出版之「中學文白測驗結果之比較研究」都六萬言——「心理敎育實驗專篇」第二卷第一期（國立中央大學出版）即爲一例。然敎育部對余之新發現似未注意；而自劉大白次長以後亦未邀請余作課程標準之修訂委員。此等事實附帶提及。

　　復次則爲余於十八年以後所作之大規模研究。吾人之第一次測驗僅限於京滬路及杭州各初中，而第二次範圍則行擴大。除平津各公私立學校外，在蘇省包括江北各校、在浙省包括湖嘉寧紹各校，故以第二次結果之代表性較大。茲將各級常模表列於後：

表三　國文測驗中學常模

年　　　級	人　數	理　解　均　數		速　度　中　數	
		白　話	文　言	白　話	文　言
初　中　一	1,161	11.49	3.73	234	151
初　中　二	1,019	12.83	4.46	260	159
初　中　三	1,479	13.45	5.27	294	169
高　中　一	1,771	13.65	5.51	306	169
高　中　二	1,371	13.89	5.95	316	173
高　中　三	931	14.14	6.54	314	164

　　表上成績在理解方面均以問題爲單位。白話文測驗題計二十。文言文測驗題計十五。兩文題數不同，頗難比較。若就初、高兩中計算幾何均數 Geometric mean 成百分遞加率，則文、白進步較爲瞭然。示如下表：

表四　初高兩中文白理解進步之比較

文字類別　幾何均數　統計常數	中　數	上四分點	下四分點
初中 { 文　言	33%	36%	37%
初中 { 白　話	15%	21%	10%
高中 { 文　言	18%	11%	19%
高中 { 白　話	3%	4%	2%

　　觀上表，就初、高兩中數比較，大致文、白進步之速度在初中相差甚近；至高中則相差甚遠。前者爲 33％與 15％之比；後者爲 18％與 3％之比。易言之，由初中至高中文言進步仍甚速；而白話進步則甚緩。上四分點之所在爲程度之較高者，其在初中文、白兩種進步均速，爲 36％與 21％之比。及至高中，雖有進步，而其速度則已減低，爲 11％與 4％之比。又下四分點之所在爲程度之較低者，其在初中，關於文言文之學習進步甚速；而白話成績則比較緩進。至高中文言文仍甚進步；而白話成績則極平常。此足見程度低者係因其開始時成績過劣，若年數增加，彼等亦能繼續進步。

　　表二所載爲各級之常模。基此，對於初高兩中各級文言、白話之理解及速率兩方面吾人可有客觀之標準，得知中學學生每升一級，應有若干進步？

　　表二在理解方面之結果頗能證實前次之推想。在白話方面，其均數或平均之相隔由初中一至初中二爲 1.34，初中二至初中三爲 0.62，初中三至高中一爲 0.20，高中一至高中二爲 .24，高中二至高中三爲 0.25。故自初中三至高中三白話成績之進步實屬甚小，或因過去之進步已相當多，至在文言方面則較大。

　　在速率方面，無論文、白似至高中卽無甚進步；故高中之進步全在理解方面。

　　關於此次大規模研究之結果載於「實驗專篇」二卷一期序文上，茲錄於後：

　　『……文言文如不能廢棄，則自初中一年級起正式國文功課內不應再授白話文。宜於初中一年級之一年中由教師選擇淺近文言以作過渡，藉便銜接。吾人之爲此言，以最近發現高中三年級之文言成績在理解方面不過百分之四十四；而初中一年級之白話成績則已達百分之五十八（以總題數除答對題數而乘之以一百所得之數）小學六年級畢業時其理解成績如何？吾人未曾研究，頗難揣測。然百分之五十似亦

為可能之假定。（此假定以後曾經證實）。是高中畢業生之文言程度
尚不及高小畢業之白話程度，或高中畢業生之文言工具尚不逮高小畢
業生之白話工具。因此吾人以為苟文言文不能廢棄，則在中學六年中
應加速磨治此種工具。

　　現在一般中學教師對於選擇國文教材似無適當之標準，時而文言；
時而語體。其選擇之文字時而佶屈聱牙、不可卒讀；時而明白曉暢一
目了然。所謂欣賞，完全在教師個人方面，初未顧到讀者之學習心理。
故吾人今後之研究，應在適當教材之選擇，由淺入深，俾小、中兩學
得互相銜接，以便一般兒童渡過此由白而文之難關。如此，則從初中
二年級起一般學生對於文言文之學習必有長足之進步。經五年之薰陶，
朝斯夕斯；則至高中畢業時，其成績或不至如五年前（民十九年吾人
施行最後一次測驗時）之低劣也。』

　　上面結果係由學生各閱讀一遍文言或白話即行解答問題之成績，
各生在閱讀次數上若能加多，則其情形如何？

　　對此問題筆者曾設計研究，實驗中每一被試初中一至高中三 每級
十人）有閱讀五遍之機會。每次成績均有記載。茲將其最後結果簡單
列後。

表五　初高兩中五次閱讀中各自進步之表示

學校類別	成績類別	文言成績之幾何均數	白話成績之幾何均數
初中	理解	19%	6%
	速率	15%	19%
高中	理解	22%	10%
	速率	17%	26%

　　此處之幾何均數係根據第一次閱讀成績而求其以後四次之平均進
步者。每組僅十人，因其人數少，故將初高中各三級合併統計。觀上

表，白話之學習至高中並未達到止境。而且在高中文、白兩種之平均
進步都比在初中爲大。在速率方面，以白話進步爲大，初、高兩中皆
然。就原稿上詳細之統計而言，文言速度之驟增，五次之中在初中爲
第二次；在高中爲第三次。此表示困難克服之時期。又白話速度之驟
增在初中爲第四次；在高中爲第三次。第二次或第三次閱讀時，被試
大半注重理解，故速率增加極少；至第三次或第四次理解卽無問題，
可以增加速度矣。

　　此外尚有一先決問題，卽吾人之測驗卷內所選擇之文言論文或白
話論文或小說是否能代表一般之文言文或白話文？就常識言：文言文
有深有淺；白話文亦有深有淺。最淺之文言文是否比深之白話文爲易
？白話文之所以深是否因其中含有文言文之分量，或因其中所叙之事
實含有極深之哲理非中學學生所能了解？就篇數而言：不但文言文與
文言文之間，或白話文與白話文之間有程度之差別，而且很大；卽使
同一文言文或白話文之內其深淺亦不盡相同。玆根據實驗結果就白話
難易分爲五種如下：

　　（甲）白話題難易五種：

　　　　①白話文中含有文言文者。

　　　　②原文上叙述事實極其簡短者。

　　　　③文字穿插非經熟讀不能了解者。

　　　　④原文上叙述事實用純粹之白話者。

　　　　⑤原文上對於事實曾經反覆叙述者。

　　（乙）文言題難易三種：

　　　　①須純粹理解者。

　　　　②文字穿插經熟讀後始能了解者。

　　　　③除文字之閱讀習慣外專事記憶者。

　　至此，對於文，白之比較研究結果，吾人可謂得一鳥瞰。至於詳
細之叙述涉及更多統計數字之描寫，非專家莫能窺其全豹也。

三、改進之道在運用科學之教學方法

抗日軍興，中大奉命西遷<u>重慶</u>。此次為持久戰，故吾輩在動員聲中必須獻其專長。所以愛國不忘研究，至二十八年秋筆者卽計畫學習心理實驗班之成立，其目的在研究初中基本學科——國、英、算三門之學習過程；尤側重國語文之學習過程。如此，則教學之實施方為客觀。

二十九年二月學習心理實驗班初中一年級下學期一班宣告非正式成立，師資取之於中大研究院教育心理學部。由該部助理研究員四人分別擔任各基本科，而動植物等專科則聘理學院生物系助教兼之。學生十二人多半來之於附近教授等家中。一學期終了，「學習心理實驗班教學報告」完成，送教育部，大為部長所贊許，慨允資助本班至畢業高中三年級止；並定名為國立中央大學研究院師範研究所教育心理學部學習心理實驗班，由部指令中大當局照辦。學習心理實驗班之基礎於焉樹立。

三十年秋實驗班（以後簡稱）登報正式招生，來者踴躍出人意外。從此筆者多方設計進行實驗，年復一年，成績斐然可觀。至三十二年秋又復招收初中一年級一班，由部核准。從此研究範圍得以擴充，而期證實過去結果之可靠。迄三十五年，兩班結果可資比較。在國文之學習過程上，兩初中三年級諸生均能在一小時內撰寫三百字左右通順之文言文。此並非奇蹟，而應歸功於科學者。筆者對之甚為滿意，以為文言文在初中學習並不困難。因此乃進而主張小學高級應實行文言教學，其理由有三：關於第一、第二兩理由業於上篇詳述，卽初小三年級學生在適當之環境中已能用文言辭句發為口頭反應，此其一；高小國語課本中之單詞及辭句多半屬於文白兩可者，並非純粹白話，此其二。今自「閱讀心理學卷之二：國語問題」之第七節抄錄第三理由於下：

『就一般家長之談話而言，多以爲其子女於高小始業之時，取得國語新書，歸而讀之，數小時內卽能閱畢而了解全書大意；然在學校則須半年講授。或曰：「國語講授之目的不專在國語知識，且兼及一般知識。」此理由似尙充足而亦卽一般敎師奉之爲圭臬者。然夷考其實，則國語敎室成爲座談會場，笑語者有之，舉手者有之，此筆者目擊之情形。或以爲此走於極端者不足爲例。然正式之討論普通知識，不但越出國語範圍以外，且有侵入自然與社會兩科範圍以內之嫌疑。高小分科較詳，門類較專，國語敎師對於一般知識若涉及史、地、自然專科未必卽能解釋妥當，且與其他學科重複，亦已失國語敎學原意。故就敎學情形而言，高小國語課本，實已不合學生程度與需要；一部分時間未免虛耗，無庸諱言。在此種情形下，非加重分量或兼授文言不足以資補救。此爲第三理由。』

吾人須知國語在小學敎學，國文在中學敎學實僅一種主張。此在心理學上雖略有根據，然心理實驗旣能逐漸發展，課程標準亦可隨時代而有所改變；似無堅持前說之必要。

就經驗言之，學生中之一部份誠對文言學習感覺困難，其原因大別有三：曰學者天資魯鈍、曰課本不合程度、曰敎者方法不良，三者必居其一；或皆有之。學生之天資魯鈍者不但於文言學習感覺困難，卽對其他較難功課亦不能試驗及格，此其咎不能由文言負之。至於課本不合程度，敎者方法不良則更爲科學之敎育家所應研究之問題；不應盲目接受一般文學家之主觀意見。

上述原因三項爲一般敎室中所常見，而於實驗班中，吾人均事先推敲，未雨綢繆，因此科學之敎學方法得以確立；此爲可供一般參考者。玆簡單介紹實驗方法及其結果於後：

一、篇幅長短與誦讀速率　在初中當一般學生開始讀文言文時，依照慣例彼等必須背誦。此爲一般國文敎員之敎法。然自心理學言之，此類文言文應否背誦？專家之意見亦不一致。惟根據筆者三十年來從

事學習心理實驗之經驗，以為吾人應當承認有條件之背誦對於初學者
頗有益處。至於條件亦頗簡單：卽文章必須適合程度由淺入深，其內
容應使兒童感覺興趣，此其一；欲背誦某篇必先了解其含義，此其二。
合此兩條件，則背誦文章對初學者為學習上最經濟之辦法。

　　此背誦實驗行之甚易。卽取文言文書籍一本，其中各篇長短不一。
短者不過六十四字，而長者則達三百另二字。每日由被試誦讀一篇。
誦讀之前其內容由教者講解淸楚，至於全篇了然。試驗開始時，由主
試取隨停錶，按每篇誦讀之時間計之，至於背熟。如此則吾人對於每
誦讀一遍所需要時間均有記載。開始時需要之秒數多；將近背熟時需
要之秒數少。吾人由之可繪成曲線如下：

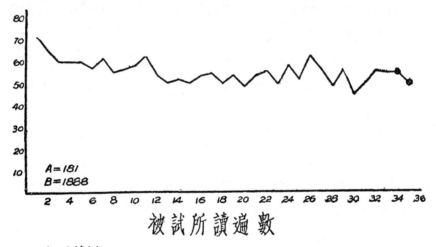

A = 全篇字數　　　B = 自始至終　　　被試誦讀此篇所需秒數

圖一　誦習曲線示例

　　從此曲線上看，被試者初讀此一百八十一字之篇需時七十餘秒，
至第二次則降至六十五秒以下。再行讀之，則所需之秒數更往下降。
其讀法均為朗讀。書籍排在面前順序整篇讀之。每讀五遍或十遍可休
息十分鐘，視篇幅之長短而定。讀到相當遍數似覺純熟，卽可試行背
誦。倘背不甚熟，尙可再讀。故曲線下降之後，不免偶爾上升，卽此

緣故。曲線極端畫有二圈，表示兩次背熟一字不錯。就此篇言，被試背熟此一百八十一字需要卅四遍，費時一千八百八十一秒或卅一分廿一秒。此爲大概之情形。

上述數字表示一種個別實驗。此爲一次背誦。假使吾人將三月中廿二次背誦，就難易等級分作上下兩半，各求其字數和速度之平均；則前者字數爲一三七小數點五，其每百字所需秒數爲六四八；後者字數爲二〇八，其每百字所需秒數爲一一七一。在四月中其前十一次平均字數爲一一九，每百字平均所需秒數爲六一三；其後十次平均字數爲二六六，每百字平均所需秒數爲一〇二四。如此則背誦一篇一三八字之文章約需八百八十一秒或十四分四十一秒；若背誦一篇二〇八字之文章則需二四三六秒或四十分三十六秒。在字數上，後者多於前者不過百分之五十一；而在時間上，則後者多於前者竟爲百分之一百七十六。此固甚不經濟，三月中之練習如此。而在四月中其情形亦復相同。

表六　每篇字數與誦讀速度

三		上半十一次	下半十一次
	平　均　字　數	137.5	208
月	每　百　字　所 需　　秒　　數	648	1,171
四		上半十一次	下半十一次
	平　均　字　數	119	266
月	每　百　字　所 需　　秒　　數	613	1,024

初學者對於誦讀雖有此種情形；但經過數月訓練之後，篇幅加長，時間亦或仍舊。易言之，字數與誦讀速率之關係，或不至如前次之密切。此情形可由下表中窺得。

表七　字數與每百字所需秒數之相關

			等級相關
三	月	份	.69
四	月	份	.82
五	月	份	.52
六	月	份	.24
溫	習	期	.34

　　表中以四月份之等級相關爲最高，計小數點八二，此後則逐漸減少，此爲值得吾人注意者。易言之，吾人敎文言文如須背誦，對於初學者每篇文章不宜太長；其字數最好在一三五左右，最多不得超過一百五十。此原則在初學者第一年內，或在初中一年級內必須引用。

　　上述旣爲一種個別實驗，其僅在不同篇幅上表現差異。吾人尚須在同一篇幅上表現個人之差異，於是乃以學習心理實驗班初中一年級學生爲被試，以觀渠等彼此之間相差若干？例如下表：

表八　各生背誦孟子原泉章（共80字）所需時間

被　　試	士　稼	振　宜	朝　英	式　昭	法　中	繼　美	平　均
閱 讀 遍 數	17	29	20	31	31	38	27.7
背 熟 秒 數	646	780	949	971	1,158	1,634	1,023
每百字所需秒數	807	975	1,186	1,213	1,447	2,042	1,278

　　表中初中一年級生下學期六人參加背誦實驗，此爲學習心理實驗班創辦後之第一學期。當時並未登報招生，僅就中大同事介紹之兒童收下。吾人曾經舉行測驗而知彼等之程度不齊。此於背誦結果中亦可看出，此程度之齊與不齊足以表示各生之正當習慣養成興否；或彼等習慣之良窳及智力之高低。將程度不齊之學生置於一班當屬謬誤。蓋一般學校行政人員僅知算學程度不應不齊，英文程度不應不齊；孰知在國文上事同一律，亦不應不齊。將程度低之兒童置於不適當之高班內，此等兒童適應殊非易易，果爾半年以後，其中三分之二非屬留級，

卽爲退學。

二、內容與趣在背誦與默寫上之重要性　若謂假使文章篇幅均不甚長，少者八十一字；多者一百五十一字，此等文章之背誦成績是否相近？若屬不然，有無內容一因子在內？其影響在背誦與默寫上如何？

表九　文章內容在背誦與默寫上之影響（中大實驗班初中一下）

篇　　　　名	陋室銘	六月十四日曾氏家書	不之死藥	孔子世家贊	春夜宴桃李園序	七月十七日曾氏家書	馬說
字　　　　數	81	105	106	109	117	124	151
背誦平均（平均遍數	5.0	16.0	6.0	21.0	10.0	15.5	12.4
每百字所需秒數	95.5	456.2	145.0	573.4	214.1	388.4	263.0
默寫平均（默寫字數	70.3	0.0	56.7	10.0	45.0	0.0	87.0
其百分數	87	0.0	54	9	38	0.0	57
默對字數	64.3	0.0	55.0	9.0	39.0	0.0	83.0
默對字數百分比	91%	00%	97%	9%	87%	00%	96%

表中「陋室銘」一篇字數最少，其平均所需的遍數旣屬最少；而其百字所需秒數亦爲最少。然「馬說」一篇其字數雖爲最多，其平均所需遍數並非最多；其每百字所需秒數亦非最多。故篇幅長短雖爲影響背誦之一因素，然非唯一之因素。

其第二因素似爲文章的內容。此可從背誦與默寫兩方面觀之。表上所載爲學生六至八人之平均成績。默寫試驗之舉行在背誦純熟之一學期以後。從默寫成績觀之，在八十一字之「陋室銘」中平均尚能默出百分之八十七，在七篇材料之中佔第一位。其第二位爲「馬說」，諸生所能默寫者爲百分之五十七。第三位爲「不死之藥」，其所能默出者有百分之五十四。此後之等級秩序爲「春夜宴桃李園序」「孔子世家贊」兩篇，最後則爲「曾文正公家書」兩封。對此兩封家書學生全體無一人能默出一字，可謂完全忘卻。

反觀各篇之背誦成績，其每百字所需秒數最多者爲「孔子世家贊」，

次多者爲「曾文正公家書」兩封。如此看來，內容方面牽涉學生之閱
讀興趣問題。此興趣因素與吾人在另一研究中所獲得者並不同。以興
趣所在之特質解釋，吾人可知「陋室銘」與「不死之藥」兩篇富於幽
默。而不須背誦之白話文中散文、韻文在興趣上雖無軒輊，然在背誦
之文言文中韻文實有幫助。此所以「陋室銘」在等級上能列第一。「
馬說」一篇雖近乎議論文然其中穿梭甚多，且馬之爲物爲兒童所習見，
爲其經驗所能了解。而「孔子世家贊」篇幅雖不甚長，但兒童對之興
趣索然。其所最不感興趣者殆爲談論道德之文章。此與吾人從前由研
究而獲得之結果如出一轍。緣「曾文正公家書」內所敘無非訓誡其子
弟之銘語而已。

　　三、閱讀興趣問題研究舉例　　關於兒童閱讀之興趣頗易研究，卽
將每一學月所背誦之各篇請兒童自行投票列等，最感興趣者列爲第一，
其次焉者列爲第二，依次推衍之。一班學生彼此之間容有相當之差異，
就各數求其平均，再分等級；接近者用之，差異大者則至下一班另換
新材料。茲舉初中一上第一學月全班投票結果於下：

表十　閱讀興趣投票結果

篇名 ＼ 人數 ＼ 等級	一	二	三	四	五	六	七	八	平均等數
林嗣環：口技	2	2	1	1		1			2.7
宋　濂：人虎說	2	2	1		1	1			2.9
柳宗元：捕蛇者說	1	1	2	3					3.0
宋　濂：猿說	1		3		2	2			3.7
方　苞：左仁傳		2		1			3	1	5.3
戰國策：記獻				1	2	3	1		5.6
戰國策：莊辛說楚王	1				1	1		2	6.0
方　苞：明禹州兵備道李公城守死事狀				1	1		1	4	6.9

二十九年初中一上學期第一學月

　　表中在第一學月七人之意見頗爲接近。例如林嗣環之「口技」七

人之中投第一、第二者各二人、投第三者一人，此五人爲最大多數；以後一、二人之意見不足重輕。然後二人所評等級一爲第四、一爲第六，其相隔並不很遠。宋濂之「人虎說」投票結果亦復如是。在平均等級中「口技」列第一，其平均爲二點七；「人虎說」列第二，平均爲二點九；「捕蛇者說」列第三，平均亦爲三；「猿說」列第四，平均爲三點七；此均爲較有興趣之材料。反言之，其餘四篇之等級平均均在五至七之間，固屬不感興趣之材料。最後一篇方苞：「明禹州兵備道李公城守死事狀」投最無興趣者七人之中竟有四人之多，超過半數，故其等級列於最末。

　　上例說明心理學之研究方法。專遵教學之經驗，不顧兒童之心理；則爲間接而主觀矣！

　　四、精讀與略讀　國文授課在實驗班每週六小時，其中一小時爲作文。吾人根據前述實驗中之發見，不能採用固定課本，一切教材均就兒童興趣所在選定。教材選定之後，一部份作爲精讀者，而另一部份則作爲略讀者。所謂精讀即需要背誦。除背誦外，吾人將文中生字、生詞以及虛字等提出令學生造句。此造句練習每週次數甚多。略讀材料既無背誦之機會，則造句練習尤爲重要。

表十一　全學期讀文統計

級　　　別	初中一下	初中二上
精 { 篇　數	20	13
讀 { 字　數	3,708	3,300
略 { 篇　數	20	24
讀 { 字　數	7,311	10,933

　　精讀，略讀兩種材料均爲文言，而白話材料則爲課外讀物。自中大遷校重慶之後，翌年（廿七年秋）筆者即就教育學院成立一完全小學。當時根據十餘年來文白比較實驗之結果，認爲從五年級起可以略授文言。學習心理實驗班爲該小學之延長者，故班中之一部份學生對於

文言學習已有相當經驗。職是，吾人對於初中一下學生完全講授文言。
茲將初中一下及初中二上兩學期精讀、略讀兩種之字數列於表十一。

　　自表十一言之，初中二上之精讀字數較初中一下爲少，至在略讀方
面則後者多於前者。此均係偶然之現象，是否與學期之長短有關亦不
得而知。此後對於此類情形應作控制之研究。在一般之觀察中，吾人
認爲學生對於如此之工作尙不甚緊張，晚間自修彼輩不甚預備國文。
就統計數字言之，假定每一學期除考試及例假外，有十六週上課時間，
則每週平均所背誦之字數在初中一下爲二四二、在初中二上爲二〇六；
在一週六小時內除去作文一小時，略讀講授二小時外，尙有三小時可
作精讀講授。在三小時精讀講授中平均每週只有二百餘字，此固屬過
少。造句練習固然需要時間，此種練習均於課室內行之。此外，根據
前此背誦實驗之結果，熟讀一篇一三五字之文章所需時間不過一刻鐘，
若熟讀兩篇所需亦不過半點鐘。若每篇文章之字數在二百至二百五十，
其所需之時間亦不過一小時左右。似此則學生晚間自修多半可不預備
國文。根據實驗結果及觀察實情，吾人認爲在六小時國文教學中，宜
分爲精讀三小時，略讀二小時，作文一小時。精讀三小時內平均可授
一五〇字左右之文章三篇，略讀二小時內平均可授二五〇字左右文章
兩篇。至背誦或造句，則於自修時做之。依此，學生在初中一下每週
可背誦四二〇至四八〇字，略讀四五〇至五五〇字，一學期以十六週
計，則可精讀平均七二〇〇字，至少六〇〇〇字；略讀平均八〇〇〇
字，至少七二〇〇字。就附表而言，略讀尙屬相當，精讀則少去三分
之一。在初中二上略讀亦尙相當，而精讀則更少矣。

　　吾人所做之精讀及略讀實驗相當多，此間無暇叙述。僅將結論三
點錄後：

　　（一）精讀頗爲重要，材料中值得精讀者宜精讀之。所謂值得精
讀者，文章須有價值，且適合學生程度並能引起其興趣。

　　（二）略讀不可少，但材料之被略讀者在以後各學期內須從事溫
習，此溫習之時間宜相當充足。

　　（三）材料無論是精讀或略讀；時間無論是初次學習或以後複習；

指導者必須擬題發問，使一般學生有積極反應之趨勢。

五、造句成績之統計　作文之初步練習爲造句。小學生讀過幾年國語，已有相當之語體造句練習，則在五六年級時可以進而習作語體文。然造句之練習若不甚充份，卽進而作文，則基礎必不鞏固，其練習作文結果不會良好。語體文之作文練習如此；而文言文之作文練習亦何獨不然？據聞若干敎員於授畢一篇文言文，卽令學生習作，此誠爲荒謬之舉。依普通心理原則吾人之學習宜由簡而繁，故文言造句之練習若不充分卽進而練習作文爲一危險之舉。吾人有鑒於此，是以對於每篇文章加以解釋之後，卽提出生字、虛字及相連之僻句令學生就各篇所有摹仿造作。如此之敎法不但在樹立作文練習之基礎，而且在注意應用，此爲行易知難之原則。經過練習之字或僻句，則其句義兒童對之自較明瞭。

行易知難原則在敎學上未能大量應用，誠屬遺憾。在語文之練習上，筆者特別提出以引起敎員先生之注意。吾人須知學生練習愈多，則其學習之進步愈快，如此則由易而難，不期而能了解，所謂豁然貫通其在斯乎？

下表爲各生對於用字或僻之成績：

表十二　造句試驗舉例

應用生字生僻或虛字造句	答對的百分比	難易的等級
〃藎〃	81%	8.5
〃甚於〃	81%	8.5
〃然〃	64%	13
〃且〃	45%	15
〃苟〃	81%	8.5
〃乃〃	73%	11
〃輒〃	64%	13
不可得矣	81%	8.5
〃盍〃	64%	13
〃莫不〃	90%	5
〃乎〃	90%	5
〃遂〃	100%	2
〃耶〃	100%	2
〃豈〃	103%	2
雖………而	90%	5

等級列一者為全對，即百分之一百。此間百分之一百者有三，故一、二、三、三數平均，均成為 2，餘類推。

三學期來學生之造句材料積留甚多。表十二所載不過係某次試驗中幾許例句而已。

就上表而言，在某次學期試驗中，全班學生對於造句之成績有全對者如「遂」、「耶」、「豈」三字是，此三字之用法彼輩可謂學會；而百分數在八十以上者如「乎」、「雖……而」、「莫不」、「蓋」、「甚於」、「苟」、「不可得矣」等是；其百分數在八十以下至六十者，如「然」、「乃」、「輒」、「盍」、等字是。其最低者為 45％，為「且」字。故此十五句話中以「且」字之用法為最難學會，次難者為「輒」、「盍」、「然」三字，再次則為「乃」字，如此則吾人就百分數之大小而定字之難易程度。艱難者多事練習，易於了解者則少事練習。如此敎之，時間上較為經濟。此點可供敎員先生們之參考。

總之「敎亦多術矣」！倘實驗心理學之方法能被採用，則在國文敎學上必收事半功倍之效；若然，則成王無過而伯禽亦不至被笞矣！

中學國文教學心理學

第一章　中學文、白能力之比較研究

第一節　史的叙述

研究之起源　民國十五年秋，筆者於國立東南大學就中華敎育文化基金董事會所贈與之科學講座，其所擔任研究之學科爲中學學科心理學。當筆者就職之始，以中學之科目浩繁，進行心理實驗，似非短期間所能蔵事，乃先擇國文敎學問題加以研究。所注意者爲中學學生國文成績之考查，如各級成績在數量上之比較，其相差如何？學生於畢業之時，了解文言文幾何？白話文幾何？在閱讀之時，每分鐘讀字多寡，文言與白話之速率如何？凡此一切問題，詢之一般國文敎師，雖具三十年之經驗者亦瞠目不能解答。倘吾人能應用心理測驗方法求出各級成績上之量之結果，則上述一切問題不難解決，而所謂文白難易之比較亦將於是確定焉。

範圍之確定　國文閱讀之心理研究，問題至爲複雜。當工作開始之時，範圍不宜太大；不然，在此頭緒紛繁之研究中，欲貪多而務得，其結果將終無所獲也，吾人開始之研究既屬中學範圍，小學國語閱讀之心理實驗可暫不顧及；惟中學包括初高六級範圍仍嫌過大。就兩中比較，以初中一段爲較重要。因學生在入高中以前，其於國文之學習須具根底，且初中畢業生以智力、財力論，未必悉能繼續求學；恐於畢業之後即別學校謀生活者佔大多數。職是之故，吾人決先測驗初中三級之閱讀能力。

材料之選擇　測驗材料之選擇爲一重要問題。吾人所欲測驗之學

校，其數擬在三十左右，其人數約在三千以上。故吾人所用之材料應非一般教本或講義中所用過者。在編造之前，吾人費兩星期之時間於雜誌文集中搜集材料在數十篇，最後決定採用白話文一篇，文言文三篇。白話題曰感化，為學生德育故事，凡千七百餘字，從小說月報中檢出；文言文三篇之中其一為歸熙甫野鶴軒壁記、其二為左宗棠上賀蔗農書、其三為顧亭林生員論之一段，每篇字數在一百二十與一百八十之間。

　　測驗期限與地點　測驗材料既經選定，乃就南京某校先行試測。經此嘗試之後，應更改或刪去之處即加更改或刪去，於是正式印刷此測驗卷數千冊，既竣；筆者遂携之以行。相偕者為助教易君及同學雷、周、楊三君，時民國十五年十一月二十八日也。是日為星期，吾人由南京乘火車直赴蘇州，當晚即往各校接洽，翌晨開始工作。舉行測驗之時，有主試一人，監試若干人。監試之人數視每級人數之多寡而定，大抵滿四十人者有監試一人。吾人離蘇州後，遂至上海，旋赴杭州。由杭返滬時，當即轉車至崐山，次日抵無錫，越二日往常州，鎮江，然後返寧。此次往來滬寧，滬杭兩路，共費時間兩星期，返寧後測一星期，已獲得預定之人數。

　　測驗結果之討論　此次測驗之結果，詳於表 1.01 上，觀此表，吾人可知初中各級國文成績之量之比較；而在速率方面各級亦有其客觀之結果。此種根據既經獲得，則學生之在初中肄業者其升一級在成績上亦應有其升一級之進步表示。此種結果因被測之人數甚多，自可作為各級之標準。凡學校當局欲知其校中各級學生之程度，似可用此測驗獲得結果，以視其能否達到此項標準。不特此也，各級成績之參差，文、白難易之不同等問題，胥將因是探討而知其究竟焉。

表 1.01　十五年初中國文測驗結果

年級	人數	文　言　理　解			白　話　理　解			白　話　速　率		
		均數	標準差	兩極距	均數	標準差	兩極距	中數	標準差	兩極距
一年級	1,167	46.50	2.48	43.4-51.1	52.14	1.99	48.5-57.4	240	26.60	200-320
二年級	1,110	48.25	2.67	44.4-51.7	53.62	3.12	50.0-57.4	279	33.23	220-370
三年級	808	49.40	1.96	46.4-54.5	53.95	2.08	49.6-58.6	292	31.06	280-370

註：文白理解能力以標準差（S.D.）值為單位。上列統計學名詞之釋義詳後

　　試觀此表，在文言均數方面初中一與初中二之相差為 1.75，初中二與初中三之相差為 1.15；在白話均數方面前者為 1.48，後者為 0.33。在距離上雖不相同，然此兩種成績尚隨年級而增高。下、上兩四分點所以代表各級第二十五名及第七十五名之成績。（註一）就統計學慣例而言，前者低而後者高。此間文言文下四分點之相差在初中一與初中二之間為 2.13，在初中二與初中三之間為 1.06；又白話文下四分點之相差在前者為 1.31，在後者為 0.88，均是正數，其數量亦甚可觀。試再觀各級之上四分點，其初中一、二兩級之相差在文言為 1.38，在白話為 1.69；其初中二、三兩級之相差在文言為 0.93，在白話為 −0.14。此間獲一負數所謂負數者，所以表示年級高而程度反低者，各級均無有；惟初中二、三兩級間上四分之白話成績有之。

　　就以上各數比較而論，可知各級文言之進步極其自然。初中一、二間之相差雖較初中二、三間之相差為大，似亦為應有之趨勢；蓋一切學習曲線在最初常有驟升之傾向，以後趨勢稍殺，進步較緩。就白話成績而言，其情形頗不一致。似為學習曲線之另一段。在均數及下四分點由初中一以至初中三雖有相當之進步，然在上四分點則由初中二至初中三居然退步。其退步之數量雖極微小，然被測人數將近一千，此種結果之獲得當亦非偶然者。此中原因可推測者有二：其一為白話文之學習進步已臻止境，其二為白話較易於文言。成績優者文、白均有進步；劣者能懂白話難懂文言，因此文言成績之相差較白話為

〔註１〕：下上兩四分點成績見楔子表二

明顯。根據此種事實，在前次報告中曾有以下之結論：

　　『文言文是否被打倒？白話文能否取而代之？在文學家方面其爭論已甚囂塵上，不容科學家置喙於其間，科學家亦豈敢妄參末議？惟本節第二條（註二）稍涉袒護文言文之嫌疑，將來難免主張白話文者之質問；然吾輩之客觀研究，事實俱在，固非信口雌黃者可比也。夫閱書用白話文爲一種工具，用文言文亦爲一種工具。二年級之白話文程度旣幾等於三年級且有超過之者，而文言文程度則尙加高，是一種工具已漸完整，他種工具尙須磨治。假使文言文不能完全推翻，則小學期內應爲磨治第一種工具之時，中學期內應爲磨治第二種工具之時。中學畢業時兩種工具俱備，可以運用無窮，較之祇有白話文一種工具者其生活之豐富不可同日而語也。』

第二節　　測驗之修訂

　　材料之選擇　　十五年測驗之結果旣如上述，吾人似可將此研究範圍擴充，以冀解決此全部中學國文敎學問題。因此，上次所用之測驗乃有修訂之必要。吾人以爲文言文之閱讀速率亦甚重要，在中學各級亦應有客觀之比較。於是遂又搜集材料以充讀物，結果得顧亭林書潘吳二子事一篇，凡九百二十六字，于中擬定問題十五個以求解答。以此一篇連同前次所用之白話文感化篇編爲量表甲，用以測量初、高中六級之理解與速率二者。此外選有短篇白話三篇題曰美國人的母親日、兵及體操，將此三篇連同上次所用之短篇文言文三篇編爲量表乙，用以測量初、高中六級之閱讀能力。每篇閱讀時間經嘗試後卽固定之。應試者於閱完一篇之後，如時間未到，尙可賡續讀之，至固定時間用完爲止；此卽普通默讀測驗。惟在解答問題之時須憑記憶不能翻閱原

〔註二〕：結論第二條：初中各級中文言與白話兩學程均須敎授，不可偏廢。至其分量，由一年級至三年級白話文漸減，文言文漸增。（多數學校採用此法，就實驗結果言之，此實爲好方法。）詳「初中國文成績之實驗研究」載艾偉著敎育心理學論叢 171-228 頁（中華書局）

文。所謂記憶，在此種研究中實含有理解，不能理解，決難記憶。此正如初次報告中所述，爲吾人所應注意者。

　　兩次測驗之旅行　吾人之測驗旣經修訂，乃印刷數千份携之以行。此次範圍旣包括全部中學，則測驗之區域亦應擴大。故考慮應去之地點，事先通函各校徵求同意乃爲應走之一着。諸事旣妥，卽借助敎梁、嚴、湯、范四君及同學雷、梅二君啓行，時十七年五月十日也。余等旣出京，乃乘火車至鎮江渡江往揚州，當日午後二時到達。十一日在揚測驗，十二日由揚乘輪往南通，抵天生港已午夜一時矣。時「濟南慘案」發生，反日空氣濃厚，南通學聯會方議決罷課數日從事宣傳，吾人之測驗工作勢不得不暫行停頓。爲免除時間上之重大犧牲起見，特向各學校當局接洽，倘能得其同情，惟測驗舉行之時，學生有不到者甚多，蓋一部份人已先一日往鄉間從事宣傳矣。吾人留通四日，所測之人數未能如預期之多。十六日由通乘輪，十七日抵滬。上海學校亦受濟案之影響，故吾人遲至二十五日晚始赴松江。留松一日卽往嘉興，旋經湖州而至杭州，時六月一日晨也。留杭一星期，乃携行李渡錢塘江乘汽車至紹興。十一日由紹興往寧波乘輪至滬，換車返京。此次測驗旅行爲期一月。除二三學校因秩序不佳其卷冊須完全作廢外，就一般而論情形尙好。就人數而言，初中三級及高中一年級均不成問題，惟高二三兩級人數尙嫌過少。爲補救起見，乃於十七年夏中大舉行入學試驗時加用此種測驗，投考中大者雖以江、浙兩省人數較多，然來自華南北諸省者亦不在少數，測驗中加入此批學生，其代表性亦較普遍。

　　經此一番補充余等猶以爲未足，乃於十八年五月六日借助敎鄭、嚴、湯三君北去平、津及通州舉行是項測驗，費三星期工作始了。是年夏中大舉行入學試驗時復加用是項測驗，得高中三年級數百人。此兩年來旅行沿海諸省，用甲乙兩量表測高初兩中六級學生共約一萬六千人，工程之大可謂空前。茲將各級人數之分配表列於下：

表 1.02　各校參加文白測驗量表甲乙人數

學校類別＼年級量表類別	初中一 甲	乙	初中二 甲	乙	初中三 甲	乙	高中一 甲	乙	高中二 甲	乙	高中三 甲	乙	總計 甲	乙
國立大學附中	—	—	—	—	138	139	104	106	28	31	16	18	286	294
省立學校	255	201	224	210	191	182	505	482	477	457	238	273	1890	1805
縣市立學校	261	401	176	277	273	189	131	72	88	21	—	—	929	960
私立學校	576	581	563	425	690	643	739	751	456	452	229	215	3253	3067
教會學校	80	188	60	157	190	295	300	342	252	199	171	189	1053	1370
十七八年中大入學試驗									72	241	279	631	351	872
各校總計	1172	1371	1023	1069	1482	1448	1779	1753	1373	1401	933	1326	7762	8368

　　參加測驗之人數　表 1.02 上所載爲參加甲、乙兩量表之人數。就各級而論，在量表甲最少者有 933 人、最多者有 1779 人，六級總數爲 7762 人；在量表乙最少者爲 1069 人、最多者爲 1753 人，六級總數爲 8368 人。就學校類別而言，在此兩量表均以私立學校之人數爲最多、省立次之、教會立又次之、縣市立居第四、國立最少。參加此兩量表之學生，雷同者甚多，尤其在高中方面。因高中學校較初中爲少，故吾人在測驗之時，常請其學校當局准用此兩種量表。此種辦法在各級學生不過多費一小時，而在吾人不但經濟時間，且免人數不足之虞。初中學校爲數旣多，而其學生人數因之亦多；爲普遍計，吾人可用任何一種，然事實上亦有兩種均用者。

表 1.03　各級學生實足年齡之平均（量表甲）

年　　級		初中一	初中二	初中三	高中一	高中二	高中三
男	N	664	649	1004	1334	1029	688
	年　：　月	14：3	15：5	16：4	17：4	18：4	19：8
女	N	472	354	459	382	308	228
	年　：　月	15：0	15：7	16：1	17：0	17：9	18：5
總計	N	1136	1003	1463	1716	1337	916
	年　：　月	14：4	15：6	16：3	17：3	18：3	19：7

　　註：N—人數　（本表所列人數較少於受測人數因內中有未塡年齡者）

　　表 1.03 所載爲各級學生參加量表甲測驗者之平均實足年齡。就男女兩性比較而論，在初中一、二兩級男生年齡較女生爲小，在以後四級則均較大。在前四級相差之數尙小，在後二級則相差較大（如在高中二其相差爲七個月，在高中三爲一歲三個月，不可謂不大）。就全部論之，各級平均年齡似均較部定爲大。

第三節　測驗結果之統計(量甲表)

　　各級常模之統計　量表甲內有白話、文言各一篇，所擬問題數在白話爲二十，在文言爲十五。每一問題附有答案四則，其中正確者僅一，餘三則爲陪答，此種方法似故爲一種疑陣以視學者有無正確之見解，此所謂四答選一法(Quadruple choice)，在初次測驗中曾經引用者。當計算成績時，吾人祇承認其正確之答案，而不計其錯誤者。關於此種計算方法之理論，吾人已於他處(註三)詳述一切，此間不贅。

表 1.04　國文測驗理解力常模統計 (量表甲)

(以一問題爲一單位)

類　別	白	話	文				文	言	文			
	初中一	初中二	初中三	高中一	高中二	高中三	初中一	初中二	初中三	高中一	高中二	高中三
N	1172	1023	1482	1779	1373	933	1172	1023	1482	1779	1373	933
M	11.49	12.83	13.46	13.60	13.99	14.14	3.73	4.46	5.23	5.48	6.05	6.54
σ	3.50	3.28	3.06	2.92	2.98	2.83	2.00	2.34	2.75	2.74	3.00	3.12
V	30.46	27.12	22.73	21.47	21.30	20.01	53.62	52.42	52.58	50.00	49.59	47.71

註：N＝人數　　M＝均數　　σ＝標準差　　V＝差異係數

量表甲　　白話文共計十二題　　文言文共計十五題

　　表 1.04 所載爲各級常模以問題爲單位者。就各統計常數（M. Md. Q_1 Q_3)而言，其數量除高三白話之上四分點外，均能隨年級而加大。就文、白成績比較而論，在初中一白話成績已甚可觀，卽二十

〔註三〕：測驗學上對減錯計算法之研究（教育心理學論叢中華）

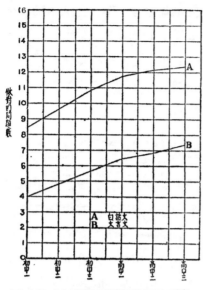

圖 1.01　國文測驗理解常模圖（量表甲）
（以一問題爲一單位）

題中平均已能答對 11.49 題，或全題數百分之 57.45；至同級之文言成績則頗遜，在十五題中其所能答對者平均不過 3.73 題或全題數百分之 24.87。此後進步白話似較緩，而文言則甚速。至高中三年級白話成績爲 14.14，佔全題數百分之 70.70；而文言成績則爲 6.54，佔全題數百分之 43.60。就絕對值而言，文言似遠不及白話；然就六級進步言之，則白話之增加率不過百分之 23.06（＝70.70/57.45－1.000），而文言之增加率則爲 75.31（＝43.60/24.87－1.000）。故文言成績之進步較之白話實在三倍以上。就各級差別（V）而論，在白話成績其數量似隨年級而接近。高中三一級彼此之間其相差不過初中一之三分之二，或初一與高三之比爲 1 與 0.67；在文言成績其趨勢亦然，惟數量之減少不如白話成績之速，初一與高三之比爲 1 與 0.89。就文、白差異比較，六級平均約有兩倍。在初中一文言之，差異係數雖不及白話兩倍，而至高中三則在兩倍以上。差異量數之大所以表示程度之不齊。就上述數字而言，白話程度較文言爲齊；高年級程度較低年級爲齊。在吾人所編之測驗中，文言白話各有一篇，應試者遂有兩種成績。同爲一人之成績何以文言相差較白話爲大？此無他，人之智、愚及文、白之難易各不相同也。蓋智者能文言亦能白話，愚者雖懂白話未必全懂文言也。又白話較文言爲易，故智者在初中二、三其學習之進步似已達到止境，而愚者則至高中尚有相當之增益；因此程度愈高而差異之數量愈近。在初次測驗結果中吾人已發現初中二之上四分點大於初中三者，此爲白話學習再無或極少進步之表示。初

次測驗施行於京滬、滬杭道上，範圍較狹，且優良學校似亦較多。二、三兩次之測驗區域既異常廣大，而參加之學校又復加多，故就樣本（（Sample)而論，當以此次結果較能代表全體（Population）；因此白話學習再無進步之表示已移至高中三年級始發現。同為一級之成績而在文言學習上並無是種表示，此吾人所應注意者。

　　表 1.04 所載為各級常模，其結果異常重要，似宜作分析之研究，因此成 1.05、1.06、1.07、1.08 四表。茲分別討論之。

表 1.05　隣近兩級之相差

類　別	白		話		文	文	言				文
年　級	初一	初二	初三	高一	高二	高三	初一	初二	初三	高一	高二	高三
M	6.70	3.15	0.70	1.95	0.75		4.86	5.13	1.67	3.80	3.27
Md	7.05	2.95	0.70	1.85	1.05		4.40	4.73	1.07	4.73	3.20
Q_1	7.50	4.90	0.40	2.25	0.80		3.07	2.93	1.87	1.40	2.27
Q_3	5.95	1.70	0.95	2.30	−0.35		7.33	6.60	2.87	4.73	5.60

　　表 1.05 所載為隣近兩級之相差，其數字為各級答對問題之百分數，在文、白兩方面均可比較者。在此表上吾人一望即知各隣近兩級之相差極不一致。在白話方面，其 M 與 Md 兩統計常數之各自相差以在初中一、二兩級間為最大，初中二、三兩級間次之，高中一、二兩級間又次之，高中二、三兩級間居第四，初三、高一兩級間殿後。在文言方面，此統計常數之各自相差以在初中二、三兩級間為最大，初中一、二兩級間次之，高中一、二兩級間又次之，高中二、三兩級間居第四，初三、高一兩級間殿後。所謂隣近兩級之相差，所以表示升級後學習之進步；相差愈大，則進步愈速。就白話之學習而論，進步最速者為初中二年級；此後除高一一級外，其學習之進步均隨年級而漸緩。在文言學習中，其進步最速者為初中三年級（參觀表 1.07 之幾何均數仍為初中二），此後除初二、高一外，其學習之進步亦隨年級

而漸緩。此中有可推論者，大致白話學習之進步，就數量而言，以在初二爲最大，以後卽銳減；而文言之學習在絕對值上至初中三始大進步，以後各級之數量雖不如初三之大，然其相差甚近，不似白話之迅速。文、白兩方面在此間有一共同之點，卽鄰近兩級之相差均以在初三、高一兩級間爲最小。其原因可推測者似有三點：（１）高中一年級爲新招之學生，國文試驗旣無客觀標準，則程度之不齊，似不能免，一般私立學校甚至濫招新生以充其數；（２）高中之英文、算學及自然三科過於繁重，新生難於應付，因此較易之國文功課預備時間較少；（３）高中所用課本過於艱深，致兩級程度不能銜接。

　　試再觀上、下兩四分點，在白話方面，其相差亦以在初中一、二兩級間爲最大，以後漸小，而以在初三高一間爲最小。在文言方面，其情形比較參差，從初中二以至高中二雖由大而小，然至高三又復上升，又在數量上各級之相差較白話爲接近。就兩四分點比較而論，在白話大多數以下四分點之相差爲較大；在文言則全體均以上四分點之相差爲較大。此中原因似亦爲人之智、愚與文、白之難易兩問題。下、上兩四分點各代表參加測驗者之第二十五及第七十五兩名。此間雖不必爲、智愚之分，然第二十五名之文言進步較第七十五名爲遲緩則無人能否認之。白話旣較易，則遲緩者進步特多；而第七十五名則近乎止境，是以至高中三之成績居然不及高中二矣。大抵測驗材料愈艱難，則所測之學生其差別愈明顯，十年來吾人之經驗如此，而證之國外之各種研究結果亦復如此也。

表 1.06　初、高兩中文、白進步之比較

統計常數 幾何均數 文字類別	初　中		高　中		初高進步之百分比	
	文言	白話	文言	白話	文言	白話
中　　　　數	33.40	15.07	18.44	2.63	55.21	17.45
下　四　分　點	36.45	21.03	10.96	3.62	30.07	17.20
上　四　分　點	37.23	9.94	19.24	2.06	52.16	20.72

　　表 1.06 所載爲各級之幾何均數，此亦根據各百分數求得，在文、白兩成績間可以相互比較者。就初、高兩級之中數而論，文言之進步在前者爲百分之 33.40、在後者爲百分之 18.44，其相差不到兩倍，白話之進步在前者爲百分之 15.07、在後者爲百分之 2.63，其相差則幾至六倍。文、白二者相差之比率約爲三與一。在下四分點，初、高文言之相差超過三倍；而其白話之相差則仍爲六倍。二者之比率約爲二與一。在上四分點，初、高文言之相差如其中數；而其白話之相差則降爲五倍。此間事實計有兩點：（1）文言之進步在第二十五名比較爲緩；（2）白話之進步在第七十五名亦比較爲緩。易言之，愚者對於文言較難了解，智者對於白話頗少進步。就初、高兩級進步而言，在文言中數有百分之 55.21；而在白話則不過百分之 17.45，兩者相差約爲三倍。在下四分點，兩者相差不及兩倍，而上四分點則爲兩倍半。此與上述結果相同，益能證明兩點推論之可靠。

表 1.07　量表甲中學各級文白理解之進步（以幾何均數表示）

（以一問題爲一單位）

年級　幾何均數 文字類別 統計類別			成　績 （答對問題數）		成績之進步		增　加　率	
			文言	白話	文言	白話	文言	白話
初	中	一	3.73	11.49			1.0000	1.0000
初	中	二	4.46	12.83	0.73	1.34	1.1957	1.1166
初	中	三	5.23	13.46	0.77	0.63	1.1726	1.0491
（文）初中部幾何均數＝18.41%					（白）初中部幾何均數＝8.21%			
高	中	一	5.48	13.60			1.0000	1.0000
高	中	二	6.05	13.99	0.57	0.39	1.1040	1.0287
高	中	三	6.54	14.14	0.49	0.54	1.0810	1.0107
（文）高中部幾何均數＝9.22%					（白）高中部幾何均數＝1.98%			

年級\文字幾何均數類別\統計類別		成績（答對問題數）		成績之進步		增　加　率	
		文言	白話	文言	白話	文言	白話
初中	一	3.73	11.49			1.0000	1.0000
初中	二	4.46	12.83	0.73	1.34	1.1957	1.1166
初中	三	5.23	13.46	0.77	0.63	1.1726	1.0491
高中	一	5.48	13.60	0.25	0.14	1.0478	1.0104
高中	二	6.05	13.99	0.57	0.39	1.1040	1.0287
高中	三	6.54	14.14	0.49	0.54	1.0810	1.0107
（文）高初中全體幾何均數＝11.88%				（白）高初中全體幾何均數＝4.24%			

表 1.07 所載爲各級之增加率及其幾何均數。在此表上文、白兩者之進步均以初中二一級爲最速；而數量之增加以文言爲較大，其相差幾至兩倍。由初二以至初三白話之進步不及百分之五，而文言之進步則尙在百分之十七以上；初三與高一因銜接之困難固少有進步，然就文、白比較，仍以文言進步爲特多。由此而往白話所增並不甚大；而文言所增則尙有百分之十（高中二）或八（高中三）。此種進步之表示異常顯著，毫無疑義。就兩級分別而論，在初中文言之幾何均數爲 18.41 %，而白話之幾何均數則不過 8.21 %，兩者相差約爲 2.25 倍。在高中文言之幾何均數爲 9.22%，而白話之幾何均數則不過 1.98 %，雖兩者之數量均已降低，而文、白相差則增至四倍以上。就文、白進步各自比較，由初中以至高中文言進步降爲二分之一；而白話進步則降爲四分之一，此大概情形也。

表 1.08　文言與白話艱難度之比較

		一　年　級		二　年　級		三　年　級	
		文言	白話	文言	白話	文言	白話
初中	問題總數與答對問題數之百分比	24.87	57.45	29.08	64.15	35.13	67.25
	文白之艱難比率	1	2.31	1	2.21	1	1.91
	比率之相差		0.10			0.30	
高中	問題總數與答對問題數之百分比	36.61	68.25	39.66	69.45	43.60	70.70
	文白之艱難比率	1	1.96	1	1.75	1	1.62
	比率之相差		−0.05		0.21		0.13

　　表 1.03 所載爲文白艱難度之比較。就各級之絕對值而言，大致年級愈高而兩者之相差愈見接近。此並非謂由初中一以至高中三白話進步較文言爲速，其實在原因適與之相反；蓋以 57.45（初一白話成績）除 70.70（高三白話成績），不過 1.2306，或經五年之訓練所增加者不過百分之 23.06。至以 24.87（初一文言成績）除 43.60（高三文言成績），則得 1.7531，或經五年之訓練其所增加則有百分之 75.310 故文言進步較之白話實有三倍也。

　　表 1.09　文白測驗速率常模統計（每分鐘閱讀字數）（量表甲）

年　　級	初 中 一	初 中 二	初 中 三	高 中 一	高 中 二	高 中 三
人　　數	1161	1019	1479	1771	1371	931
白話文 Md	234.0	260.4	294.0	306.0	315.6	314.4
白話文 σ	80.4	82.8	100.8	96.6	99.6	101.4
白話文 V	34.36	31.80	34.29	31.57	31.56	32.25
文言文 Md	180.6	190.2	201.0	199.2	205.8	201.6
文言文 σ	58.8	68.4	62.4	59.4	64.2	63.0
文言文 V	32.56	35.96	31.04	29.82	31.20	31.25

　　註一：Md＝中數　　σ＝標準差　　V＝差異係數

　　註二：V之公式爲 $100 \times \dfrac{\sigma}{Md}$

　　註三：本表所列人數較少於受測人數因內中有未記速度者

　　表 1.09 所載爲文、白之各級速率。觀此表，則知速率問題比較簡單。就中數而論，無論文、白在初中三級均能循序漸進，各有所增加；至高中一似達止境，在文言方面可謂毫無所增，在白話方面所加非常之少。約而言之，高中學生之閱讀速率在文言爲每分鐘二百字或二百零五字；在白話爲每分鐘三百或三百十五字。

　　就上、下兩四分點及百分之十與九十兩等級而言，（註四）其趨勢與中數相同。卽速率之明顯增加均在初中三級，至高中一、二兩級尚略有增加，此後卽停頓。此種情形不但於遲鈍之百分之十等級及

〔註四〕：統計數字詳見附錄

下四分點為然，卽聰穎之上四分
點及百分之九十等級亦不能為例
外。吾人初以為理解程度高者其
速率亦必進一階級，有加速度之
可能，其實不然。關於理解與速
率之關係，問題複雜，俟至後篇
再行討論。此間尚有一點吾人應
注意者，卽各級之速率差異是。
此問題亦較閱讀差異為簡單，卽
年級無論初、高，讀物無論文、
白，其差異係數均不相上下；或
則生理限度雖人各不同，而實相
近，因此各級相差之範圍亦甚大也。

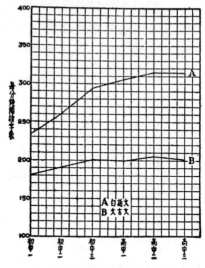

圖 1.02　文白測驗閱讀速率常模圖（量表甲）

根據 1.04、1.05、1.06、1.07、1.08、1.09、六表之數量結果，吾
人似可歸納八點於下：

1. 中學生在六年之中學習文言、白話，其成績就均數而言尚能隨
年級而轉佳。

2. 在六級之中，其學習之進步無論文、白均以由初中一至初中二
為最大，而以由初中三至高中一為最小。前者原因似為一般學習曲線
之趨勢，卽最初升高甚速以後甚緩也。後者原因似有三點：①高中一
年級大半為新招之學生，國文入學試驗旣無客觀標準，程度自難齊一，
且一般學校為欲招足相當之數目故，難免無濫竽之流僥倖混進；②高
中之英文、算學及自然三科過於繁重，非多數新生所能應付，因此對於
較易之國文功課遂勉強敷衍，僅圖及格；③高中所用教本過於艱深，
致初、高兩中程度不能銜接。

3. 初中二以後白話進步銳減，而文言之進步數量仍甚可觀，此就
均數及下四分點而言。至在上四分點，則高中二之白話成績已超過高

中三，而其文言成績則尙弗如；似成績優異者能圖其較難之文言，而忽其較易之白話也。

4. 就上、下兩四分點各自比較，大致在前者以文言進步爲較速；在後者以白話進步爲較速。易言之，白話較易，故遲鈍者能盡量學習；而聰穎者旣抵止境，再難進步。又文言較難，故聰穎者能蒸蒸日上；而遲鈍者則望塵莫及。

5. 就各級之絕對值比較，文、白之難易大致爲二與一之比。就六年來學習之進步而言，文言似大於白話三倍（前者之增進爲 45.31％；後者之增進爲 23.06 ％。按白話成績在初中一爲 57.45 ％，在高中三爲 70.70 ％；文言成績在初中一爲 24.87 ％，在高中三爲 43.60 ％。）六年來文言學習之進步雖速，然就百分數比較，文言成績在高中三實不及初中一之白話成績。此種事實至足驚人，吾人不可忽視之也。

6. 就初、高兩中分別比較，文言進步較之白話在前者爲兩倍以上；在後者爲四倍以上。就初、高兩中各自比較，關於文言之進步後者不過前者之一半；關於白話之進步則後者降爲前者之四分之一矣。

7. 就各級差別而言，無論文、白其數量均隨年級而漸減，或年級愈高而差異愈小。就文、白各自比較，文言差異總大於白話，各級皆然。就均數言，文言差異之大較之白話約有兩倍。

8. 上述各點均爲理解方面之結果；至在速率方面，其情形比較簡單。大致在初中三級，文、白二者之閱讀速率各有增加，至高中卽無甚進步，或至高中二年級閱讀速率卽達生理之限度。此後如繼續學習，於理解方面雖有相當之進益；而於速度實無所加。關於文、白字數之比率，每分鐘大致爲二百字（或二百零五字）與三百字（或三百十五字）。（註五）

〔註五〕：王鳳喈先生對於文白閱讀速率之比較曾作眼球運動之研究。王氏對於閱讀分略讀（rapid reading），常讀(normal reading)及精讀(careful reading)三種。被試爲中國留美學生五十人，大都於讀完初級大學後卽赴美者；其在國內時曾受新式教育，對於文言有相當年數之訓練。此輩學生之閱讀速率每分鐘在略讀爲文言432字，白話510字；在常讀爲文言300字，白話348字，在精讀爲文言234字，白話312字。F. C. Wang (An Experimental Study of Eyemovements in the Silent Reading of Chinese)

吾人之結果適當王氏之精讀,後者速率之所以較高或因被試人數較少,於選擇上不如吾人研究之有普遍性也。

　　量表甲之分類統計　所謂分類統計有兩種,一就男女兩性而分類;一就學校立別而分類。茲分別敘述其結果於下:

表 1.10　男女測驗成績之比較統計（量表甲）
（理解力以一問題為一單位）

類別		白		話		文		文		言		文	
年級		初中一	初中二	初中三	高中一	高中二	高中三	初中一	初中二	初中三	高中一	高中二	高中三
男	N	678	659	1022	1392	1062	706	678	659	1022	1392	1062	706
	M	11.89	13.19	13.57	13.54	14.03	14.23	4.06	4.93	5.63	5.68	6.35	6.95
	σ	3.44	3.15	3.04	2.92	2.97	2.92	2.16	2.28	2.76	2.79	2.93	3.16
	V	28.93	23.88	22.40	21.56	21.17	20.52	53.20	46.25	49.02	49.12	46.14	45.47
女	N	494	364	460	387	311	227	494	364	460	387	311	227
	M	10.56	11.27	12.80	13.80	13.86	13.87	3.29	3.60	4.34	4.77	5.05	5.32
	σ	3.49	3.33	3.10	2.91	3.01	2.53	1.65	2.22	2.51	2.43	3.05	2.65
	V	33.05	29.54	24.22	21.08	21.72	18.24	51.05	61.66	57.83	50.94	60.39	49.81

註：N＝人數　　M＝均數　　σ＝標準差　　V＝差異係數

量表甲：白話文共計二十題，文言文共計十五題

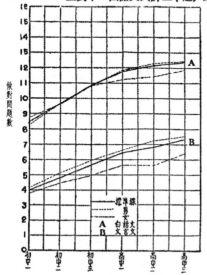

圖 1.03　文白測驗男女成績比較圖（量表甲）
（以一問題為一單位）

表 1.10 所載為男女成績分別統計者。就各級比較,其結果之於圖三之上表示極為明顯。在文言方面,年級無論初、高均以男生成績為較優,其任何一級之成績均在標準線以上;而女生成績均在其下。在白話方面除高中一一例外外,其情形亦復如此。在初中一、二兩級女生程度尚屬甚低,由初中二至高中一之兩年中曲線上升甚速,似有長足之進步;高中一以後再讀兩年,其成

續並未轉優。至男生成績除高中一外，始終在標準線以上。（參閱表
三關於男女生之年齡）

　　就差異係數而言，男生之白話成績與常模相似，卽由初中一以至
高中三其係數逐漸縮小，或其各級之程度漸趨齊一；此中情形似仍爲
聰穎者再難進步，而遲鈍者尙有所加之表示。女生之差異係數在白話
方面亦有逐漸縮小之趨勢，但此趨勢較男生爲速。如男生之係數在初
中一爲 28.93，在高中三爲 20.52；而女生之係數在初中一則爲 33.05，
較男生爲高；至高中三竟降爲 18.24，又較男生爲低矣。大致女生程
度在初中一、二兩級之所以低,實遲鈍者趕不上之故,而差異係數之大，
亦能證明此點；又在高中三其平均成績雖無所增減，而遲鈍者因讀書
年限加多，其對於較易之白話文究有相當之進步，此差異係數之所以
縮小也。在文言方面，其係數之數量無論男、女均已加大，此正與常
模之趨勢相同。但就男、女兩差異各自比較，其情形甚爲複雜，不似
在常模上由初中一以至高中三有逐漸減少之趨勢。在男生其係數以在
初中一爲最大，但至初中二及高中一兩級又復升高,此不可不注意者。
在女生其差異係數以初中二爲最大，至高中二又復升高，此與男生不
同之處，其原因殊難揣測也。

　　就男、女兩均數之相差而論，在文言各級此種差別極爲明顯，因
各本數之大於其機誤均在十倍以上。在白話之初中各級此種差別亦尙
明顯，因此三級之兩均數相差與其機誤之比多則近十四倍，少亦六倍
餘。至高中三級其差別之明顯大不如前，本數與機誤之比均不到三倍，
謂之爲男女間無甚差別亦可。此種結果足以證明女生程度之低，因文
言較難，在中學六年之中女生之於男生實望塵莫及；又白話較易，在
中學之初段女生程度低於男生，然至中學之末段，則已能並駕齊驅不
相頡頏矣。

表 1,11　文白測驗男女速率統計（每分鐘閱讀字數）量表甲

類　別	白　　話　　文　　速　　度						文　　言　　文　　速　　度					
年　級	初中一	初中二	初中三	高中一	高中二	高中三	初中一	初中二	初中三	高中一	高中二	高中三
男 人數	669	655	1022	1389	1061	703	669	655	1022	1389	1061	703
男 中數	253.2	276.6	302.4	310.2	319.2	315.6	192.6	202.8	208.2	204.0	223.2	205.8
女 人數	492	364	457	382	310	228	492	364	457	382	310	228
女 中數	208.2	240.0	270.6	294.0	305.4	310.8	163.8	172.2	186.6	186.0	191.4	190.8
常模 人數	1161	1019	1479	1771	1371	931	1161	1019	1479	1771	1371	931
常模 中數	234.0	260.4	294.0	306.0	315.6	314.4	180.6	190.2	201.0	199.2	205.8	201.6

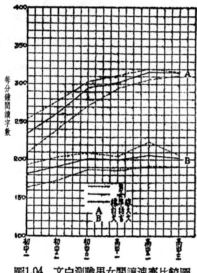

圖1.04　文白測驗男女閱讀速率比較圖
（量表甲）

表 1.11　所載爲男女閱讀速度之比較。此種結果在圖四之上亦有顯然之表示。年級無論初、高，讀物無論文、白，均以男生成績爲較優。就標準線而言，男生各級無一在其下者；而女生各級亦無一在其上者。在理解方面，高中一之白話成績以女生爲較優，然此級之速率則尙不及。除此特殊情形外，男生無一不優於女生者，此種顯著之性別差異固無可置疑也。

1.12、1.13 兩表詳見附錄，其所載爲各校之理解與速率兩種成績就立別而統計者。此間分國立、省立、縣市立、私立、敎會立及中大入學試驗六類。劃分旣細，人數自少。又同一立也，其中差別亦大。例如國立大學附中向以注重國文著稱，然滬上某校雖屬國立，而其學生則大半來自外洋，其國文成績似難近於標準（就上次經驗而言，此次該校並未加入）。又如一般縣立中學因經費較少，招生不易，其學生之成績不無受其影響，然市立學校則不如是。今將縣、市兩立併在

一處，彼此似有互相之影響，惟此間所謂縣立止松江兩校；而所謂市立則包括京、津、平、滬及青島諸大市也。

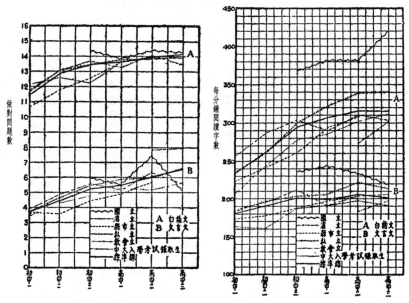

圖1.05　文白測驗學校分類成績圖（量表甲）
　　　　（以一問題爲一單位）

圖1.06　文白測驗閱讀速率學校分類成績圖（量表甲）

　　從五、六兩圖觀之，除高中三之理解成績外，國立大學附中在文、白、理、速四方面均處標準線以上。中大入學試驗錄取生成績在理解方面雖超一切，然其速率無論文、白均在標準線以下。此中有一原因，卽參加此測驗者以爲此係編級測驗，故力求成績可觀，不知所謂成績不止理解一種也。私立學校在各級甚爲整齊，文、白之理解極近標準線，而其速率則遠過之。省立學校在初中各級無論文、白、理、速均在標準線以上；至高中其成績極形參差，且大多數在標準線以下。縣市與敎會兩立無論文、白、理、速大半在標準線以下。此大概情形也。

　　量表乙之各級常模　試觀量表乙之統計結果，其情形比較簡單，卽量表乙爲一種普通默讀測驗，祇計理解，不量速度。此量表共有文章六篇，文、白各三。白話在前，三篇之中，共有十八題；文言在後，

此三篇字數較少，故祇有十二題。每篇閱讀時間事先規定。快者閱讀一遍之後尙可重讀，卽最慢者似亦可閱完一遍。

表 1.14　文白測驗理解力常模統計（量表乙）

（以一問題爲一單位）

類別	白		話		文		文		言		文	
年級	初中一	初中二	初中三	高中一	高中二	高中三	初中一	初中二	初中三	高中一	高中二	高中三
N	1371	1069	1448	1753	1401	1326	1371	1069	1448	1753	1401	1326
M	8.48	9.63	10.85	11.75	12.14	12.36	4.00	4.81	5.69	6.46	6.81	7.34
σ	2.82	2.72	2.75	2.63	2.36	2.87	2.01	2.14	2.40	2.43	2.54	2.54
V	33.25	28.25	25.35	22.38	23.56	23.22	50.25	44.49	42.18	37.62	37.30	34.60

註：N＝人數　　M＝均數
σ＝標準差　　V＝差異係數
量表乙　白話文共計十八題　　文言文共計十二題

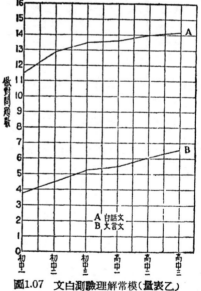

圖1.07　文白測驗理解常模（量表乙）
（以一問題爲一單位）

表 1.14 所載爲各級常模以一問題爲一單位者。就參加測驗之人數而言，各級均在一千以上；最少爲 1069，最多爲 1753。此種數量尙不算少。文言、白話兩種材料旣在同一測驗內，故參加此測驗之學生，各有文、白兩種成績以資比較。就 M、Md、Q_1、Q_3 四統計常數而言，各級成績無論文、白尙能隨年級而轉優，或年級愈高則成績愈好。就兩極距離而言，各級程度相差實大，如在白話方面，初中一生有一題不能解答者，亦有十八題中竟能答對十七題者。又在高中三年級亦竟有一題不能解答者。在文言方面，由初中一以至高中三均有一題不能答對者，而初中一、二兩級有十二題中答對十一題者。初中二以後各級之中均有十二題全數答對者。就差

異係數而言，除白話高中一一例外外，其數量均能隨年級而減少，或年級愈高而差異愈小，文、白皆然。此與量表甲之結果相同。大致文言係數均較白話係數爲大。此種差異之比較殊爲顯著，各級皆然，亦如量表甲之結果。

表 1.15　鄰近兩級之相差（量表乙）

類　別	白	話		文			文	言		文		
年　級	初一	初二	初三	高一	高二	高三	初一	初二	初三	高一	高二	高三
M	6.39	6.78	5.00	2.17	1.22		2.75	7.33	6.42	2.92	4.42	
Md	7.17	7.00	4.89	3.50	1.17		7.92	9.67	6.58	3.25	4.67	
Q_1	5.83	8.22	5.61	3.06	0.78		6.17	5.92	5.92	4.42	3.33	
Q_3	5.28	8.33	4.22	2.78	1.28		8.75	9.25	8.17	4.25	3.50	

表 1.15 所載爲鄰近兩級之相差，此爲絕對值的比較。在此表上未見負之數量，不似量表甲所表示之結果。白話之上四分點仍以高中三大於高中二。此次結果之所以不同亦有其理由在，因在量表甲工作相等，故能比較。此次測驗旣以時間爲標準，故年級高，速度必隨之而高；速度高者能多閱幾分之一遍，遍數旣多，則理解力自加强也。

倘有一點吾人應注意者，即在此表上初中三與高中一之相差並不爲各鄰近兩級相差中之最小者。此不獨在表 1.15 上爲然，即在表 1.16 上關於學習之進步亦未發見此點。此並非量表甲、乙兩結果之矛盾；實因一以工作爲單位，一以時間爲單位，二者之出發點旣不相同，故其結果隨之亦異。關於量表甲之結果，吾人已推論三點似無不妥之處；關於量表乙之結果，吾人似亦認爲合理。因各級成績代表理解與速率二者，兩種成績之相加當大於其一種，在量表甲高中一之所以進步特緩，因止理解成績之表示；工作旣受時間之限制，則閱讀甚速者殊無補於其成績也。

就六級之幾何均數而言，量表乙之文言數量頗與量表甲相近，而

其白話數量則較量表甲多百分之七十三（7.33/4.23＝1.7288 或73%），此種意外之獲得似因時間較多之故。就初、高兩中比較，前者文言爲 19.27 %，後者文言爲 6.59 %，二者相差將近三倍，至在量表甲則不過兩倍。又初中白話爲 13.11 %，高中白話則不過 2.56 %，二者相差超過五倍，至在量表甲則祗四倍。量表乙之文、白進步在初中三級之所以較快，實因理解與速率二者之進步歸併於此，此成績即爲其總代表也。就絕對值而言，量表乙之白話數量大於量表甲約百分之六十（13.11/8.21＝1.5966），但二者文言之相差爲數甚小，或則文言文閱讀比較困難，時間雖略有增加，而其成績上之影響並不大也（就事實言，文言時間所增較白話爲多，但其成績在數量上所加有限，故文言測驗實爲一種力量測驗也。）

　　表 1.17 移載附錄，其所表示爲男、女分類統計。就趨勢言，男生文言在各級均在標準線以上；而女生文言則均在其下，此與量表甲之結果相同。就 M、Q_1、Q_3 三統計常數而求鄰近兩級之相差（表 1.18 亦載附錄），則知在初中一、二兩級男、女生之成績相差甚近；在初三高一、兩級相差較遠；在高中二、三兩級相差更遠；其數量以在高中二爲最大（白話 Q_3 爲一例外）。在上四分點最初兩級之相差較在均數爲大；最後兩級之相差則又較在均數爲小。下四分點之表示則又完全與之相反。此間所有之統計常數在最初兩級相差極近，其數量較在均數爲小，較在上四分點尤小；而最後兩級之相差則頗遠，其數量較在均數爲大，較在上四分點尤大。此種結果似表示男、女生之遲鈍者其程度在初入學之時尚無甚區別，惟在最後兩年男生之遲鈍者似遠在女生之前，非女生之遲鈍者所能望其項背。又男生之聰穎者其程度之區別在初入中學之時雖較遲鈍與中庸者爲明顯，但在最後兩年較之此二者則又見接近（至數量上之相差仍以在最後二年爲較大）。

　　白話結果不如文言之一致。大致在初中各級女生程度略高；在高中各級則較遜，相差之數量在後者亦較爲明顯。從圖八觀之，高中男

生之成績雖近乎標準線，然此成績尚在其上；而女生成績則遠在其下矣。

1. 大致在初入中學之時男、女生成績相差甚近，以後漸遠，優者總屬男性，此就較難之文言而言。若在較易之白話文，女生於最初似能勝過男生（但兩均數相差之機誤極大，故此種略優之形勢在統計學上不能成立。），但在最後又弗及矣（在高中三級兩均數相差之機誤極小，故女生不及男生，在結果上異常可靠。）

2. 以遲鈍之女生與遲鈍之男生比較，在最初彼此相差為數極少，至最後則相差甚大。似遲鈍之男生經數年中學之薰陶能有長足之進步，而女生之遲鈍者則追隨莫及也。

3. 以聰穎之女生與聰穎之男生比較，在最初彼此相差其數量較中庸與遲鈍之男、女為大，但至最後則又較中庸與遲鈍之男、女生為小，似女生之聰穎者漸能追及也。

4. 就上述結果而論，男、女兩性確有差別，但此差別似屬環境關係，因方入中學之時，男、女兩性並無顯著之差別；即稍有之，其數量亦不足重輕。（註六）男女中學以分立為原則，分立既久，遂各自成風氣。在普通中學就課程而言，男女雖無二致，然就平日生活而言，彼此實有差異。

5. 女生除修習學校功課外，常兼顧女紅，此其差異之點一；女性親長不識字者尚多，與之常相接觸，學問上自少長進，此其差異之點二；（註七）女子中學既自成風氣，則學習進步之遲速在教師方面亦自有其標準，雖較男、女總平均為低，亦不自知，此其差異之點三。故此種差異均來之環境中也。

就學校分類而言，其情形至為複雜。從圖九觀之，國立居第一，其文白成績均遠在標準線以上。私立居第二，其文言各級均高於常模，其白話在初中三級近乎常模，在高中三級則超過之。中大入學試驗錄

〔註六〕及〔註七〕：參閱拙著漢字測量或閱讀心理：漢字問題

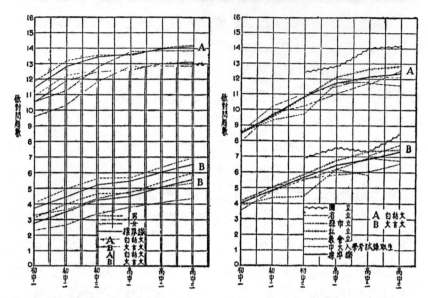

圖1.08　文白測驗男女成績比較(量表乙)　　　圖1.09　文白測驗學校分類成績(量表乙)
　　　　（以一問題爲一單位）　　　　　　　　　　　（以一問題爲一單位）

取生（從前尚有預科一年）祗高中二、三兩級頗難定其地位。就數量
而論，此兩級之文言成績均大於常模；其白話在高二較低，至高三則
又高於常模矣。省立、敎會立及縣市立之成績則頗難定其地位。大致
在文言除省立之高中二、敎會之初中二外，其成績均在標準線以下。
在初中三級敎會立較省立爲高，在高中三級省立又較敎會立爲高，至
縣、市立文言成績則無一在標準線以上，且均相距甚遠。在白話線上
除初中二外，省立成績均甚低下，敎會立之初中三級均大於標準，在
高中三級亦與標準相近。又縣立中除高中一外，均在標準以下。此其大
略也。

第二章　中學文白能力之比較研究（續）

第四節　信度與效度

量表甲、乙之相關　信度與效度二者在測驗之編造上至關重要。使此二者在數量上有相當之大，則前此之一切結論當有存在之依據；否則一切事實難成立矣。茲就此種相關係數分別討論於下。

表2.01　量表甲、乙之相關

N	136
r ± P. E$_r$	0.8385 ± 0.0172

表 2.01 所載為量表甲、乙之相關。此係數之求得乃根據各校各級之均數和，而非一校一級數十人之各個分數。一校一級不過數十人，各校各級之均數和則代表八千人。故就取樣而論，前者之代表性當遠不如後者；而係數數量之較近全體當不屬於後者。此間所得為 0.8385 ± 0.0172，其關係在 Y 上為直線者；而在 X 上則為曲線者，此曲線之相關為 0.890 ± 0.0119，不為不大，蓋在理論上相關比總大於相關係數也。

相關係數在 0.8000 上，吾人對之當甚滿意。然所謂 0.83 或 0.89 尚不能算為最高。就吾人經驗而言，此種係數如在兩種漢字測驗之相關上達到 0.967，較此間所得者更高矣。此間係數之所以較小並非信度上發生問題，實自有其理由在。因量表甲之成績純粹屬於理解；而量表乙之成績則代表理解與速率二者。理解與速率二者相關並不甚大，此為吾人所既知，而後將詳細討論者。有此一點，致量表乙之成績參差，而其影響所及，遂使吾人所獲之信度不能如在漢字測驗中之高矣。

表2.02　量表甲、乙之分校相關(信度表示)

N	52	50	176	175	112	129
r	.59	.57	.77	.57	.62	.72
Brown's formula	.74	.73	.87	.73	.77	.84

　　表 2·02 所載爲分校所得之信度。計共六校，男、女各三。此三校中又分省、私與教會三立。就人數而言，少則五十，多則一百七十六。就此人數而求相關，其係數不能如前者之大，此吾人所逆料者。但用更正公式之後，其係數尚有大至 0·87 者，即其最小者亦尚有 ·73；前者爲振華女中之結果，後者爲蘇州女中之結果。

表2.03　振華各級量表甲、乙(文白總成績)之相關

(信度表示)

年　　　　級	初中一	初中二	初中三	高中一	高中二	高中三
N	46	47	33	28	13	9
r	.39	.68	.50	.66	.60	.71

　　表 2·03 所載爲就振華女中分級而求得之信度。此間人數愈見減少，而其各級之係數愈見參差；其實亦祇初中一一級之係數較爲特殊。高中各級人數均較初中爲少，然其相關係數並不較初中爲小。猶憶差異係數在常模表上由初中一以至高中三有逐漸縮小之趨勢；或則高中各級彼此之間其程度亦不如初中之參差也。

表2.04　振華量表甲自身相關

(信度表示)

類　　　　別	白話文	文言文
N	179	179
r	0.56	0.50
Brown's formula:	0.71	0.67

　　表 2·04 所載爲振華量表甲之自身相關。就一般情形而言，自身之相關係數應較兩量表之相關係數爲大。因所用之時間、問題之難易、以及應試者之身、心狀況均較一致也。此間所得之兩係數雖不甚大，亦不爲小。其所以致此者亦自有故，蓋文、白兩成績並未相加而求其總和，因分別計算，而材料減少，其相關遂亦減弱矣。

　　測驗成績與學校分數之相關　　表 2·05 移載附錄，其所表示爲量表

甲、乙與學校成績之相關，所謂學校成績祇有振華國文一種。在量表甲、乙有總成績，亦有文、白之分別成績。初中各級無論量表甲與乙或其文與白，其與學校成績之相關均極參差；至高中量表乙之文、白尚有參差情形，但數量除高一之白話外，業已增大。最整齊者當屬量表甲，文，白皆然。數量上前者略小，後者較大。量表甲之較爲穩固前已討論及之，其實高中各級之人數均較初中爲少也。

係數之求得若根據量表甲或乙之總成績，則數量均能加大，初，高中皆然。在初中各級以量表乙之係數爲較大，但與量表甲係數之相差極小；在高中各級以量表甲之係數爲較大，而其與量表乙之係數之相差則稍遠。

表 2·06 移載附錄，其所表示爲多數相關，卽學校成績與量表甲、乙合併成績之相關。在此間 各係數均已增大。在六級之 中最小者爲 0·37，最大者 0·90，平均爲 0·665。此種情形若非六級係數全行求出，不能了然。又學校成績若有兩種，則連同兩種測驗成績而求相關，其係數當亦較大也。

第五節　文、白、理、速之相互關係

理解與速率　文、白、理、速相互間之關係至爲重要。許多事實由此可以發見，而許多問題亦可由此解決。試觀表 2·07（移載附錄），其中爲理解與速率之關係。材料無論文，白，年級無論初，高，其係數頗形參差，無一致之趨勢。大致言之，直線相關多而曲線相關少，曲線相關中大半爲 Y 在 X 上或速率在理解上之比率。就兩級學校而言，白話之理，速在初中尚有關係，在高中則可謂絕無僅有，此種情形觀常模表亦可預測。蓋初中各級理解與速率均有相當之進步，至高中則無論理解有無進步，而速度則已近生理限度矣。文言之理，速相關在初中平均較白話爲大，至高中亦尚相當之關係，不似白話之絕無僅有或竟得小的負數也。

在首次結果中關於白話之理，速相關在初中一、二、三三級，其係數爲 0·29、0·27、0·43，〔註〕現在所得爲 0·25、0·39、0·28。彼此之相差並不甚遠。上次無高中成績，亦無文言速率，故所能比較者止此。惟所謂比較亦不過就兩係數之大小而言，至速率高者，其理解成績是否均好，或不盡然而另有其分配，此種分配有何趨勢？欲解答此種問題似可求各級之理、速橫切面以明其究竟。惟此工作異常繁重，茲擇最低與最高各一級分析之得 2·08、2·09、2·10、及 2·11 四表。

表2.08　理解與速率相關之橫切面（初中一年級，白話文）量表甲

表2.09　理解與速率相關之橫切面（初中一年級、文言文）量表甲

表2.10　理解與速率相關之橫切面（高中三年級，白話文）量表甲

表2.11　理解與速率相關之橫切面（高中三年級文言文）量表甲

就表 2·08 觀之，其中縱之成績爲速率；橫之成績爲理解。各分上、中、下、三部分，每一部分代表初中一年級一千一百七十二人之 33·33%。全表中共九個圓面，其中各有一百分數，九數之和爲一百分。就橫者而言，第一行爲速率得：“上”者，卽每秒鐘平均讀 5·30 字，或每分鐘平

均讀 318 字者。此中理解得"上"者（或二十題中能答對十五題者）佔 13·20%；得"中"者（或二十題中答對十二題者）佔 11·30%；得"下"者（或二十題答對八題者）佔 7·94%。此三百分數當以理解之"上"為最大，理解之"下"為最小，然此兩數之相差並不甚遠，不能使吾人滿意。故理解與速率雖有相當之關係，然此問題異常複雜，非一係數之大小所能表示。第二行為速率得"中"者，即每秒鐘平均讀 3·90 字，或每分鐘平均讀 234 字者。此中理解得"上"者（或二十題中答對十五題者）佔 11·22%；得"中"者（或二十題中答對十二題者）佔 11·22%；得"下"者（或二十題中答對八題者）佔 10·79%。此三百分數彼此之間相差甚少，似無若何差異。第三行為速率得"下"者，即每秒鐘平均讀 2·87 字，或每分鐘平均讀 172·2 字者。其中理解得"上"者佔 8·89%；得"中"者佔 10·87%，得"下"者佔 14·58%。此三百分數以理解之"下"為最大，理解之"中"次之，理解之"上"最小，其中大小之差亦不甚遠。故理解與速率不言相關則已，如言相關則不過速率得"上"者之中理解得"上"之百分數稍大，速率得"下"之中理解得"下"之百分數稍大而已。在**速率得"中"**之中其理解之上、中、下分配實無甚區別。易言之，理解得"上"之中速率得"上"之百分數稍大；理解得"下"者之中速率得"下"之百分數亦稍大；而理解得"中"者之中速率之上、中、下分配亦無甚區別。

初中一白話之理，速相關如此，至其文言結果載於表 2·09 之上者亦猶是耳。故此問題似覺複雜，實甚簡單。至高中三一級如 2·10、2·11 兩表所載即此簡單事實之表現亦茫然而不易察覺，蓋其**理、速**之相關係數已近於零矣。

文、白速率之關係　理解與速率之相關無論文、白既如上述，而文速與白速之關係如何？亦為吾人所欲知者。表 2·12〔註〕所載為此種成績。因之吾人一望即知各級之係數均不算小。就初高比較，以初

中之係數為較大。而初中三級之中以初中一之係數為最大。根據初、高兩部而求其全體之相關，其係數在 0.70 以上；且全部關係中含曲線性者甚少，此亦表示文、白二速關係之較簡單。惟有進者，卽此種係數係根據各級之均數計算而得，每級人數均在一千以上，人數多則係數之代表性亦較大也。

　　文、白理解之關係　關於文、白理解之關係在初次測驗中所得之係數初中三級各為 0.52、0.49 及 .55，此次所得之數量亦甚相近。表 2.13 所載為初，高兩中各級之係數，初中所得為 0.44、0.56 及 0.62 三數；就此三級平均而與上次比較，則此次為 0.54，上次為 0.52。此次高中所有為 0.41、0.53 及 .51 三數，其平均為 0.48。大致文、白理解之相關係數為 0.50。初中各級得 0.50 以上者機會似較多，高中各級則常在 0.50 以下，但所謂上、下均近於 0.50 也。

表2.13　初高中各級白話與文言之相關
（用P表示）（量表甲）

年　級	初中一	初中二	初中三	高中一	高中二	高中三
N	24	25	34	41	39	29
$\rho \pm P.E.\rho$	.4374±.1114	.5548±.0934	.6211±.0711	.4141±.0870	.5294±.0778	.5046±.0933

註一：N＝班級數　　　ρ＝等級相關　　　P.E.＝機誤
註二：本表係根據各校各級之平均百分數求得

　　表 2.14 所載為初、高分部及其全體者。初、高分部之後其係數在初中較各級平均為高，在高中則幾與各級平均相等。至全體之係數則達 0.69，較之分部者又高矣。

　　表 2.15 移載附錄，其所表示為分校之統計。在此表上吾人一望卽知係數之參差，最小者不過 0.03，最大者則達 0.64。就初、高兩中比較，前者較低，其平均係數為 0.34。後者略高，其平均係數為 0.43。此與表 2.13 所載結果相反，其實此間各校人數較少，故仍以前者比較可靠。

第六節　　次數分配之形勢

　　曲線常態性之試驗　　在測驗編造上尚有一應討論問題卽次數之分配是。普通用 T 分數以統計測驗結果者每假定次數之分配爲一常態，此種假定是否可靠爲一問題，故曲線常態性之試驗頗爲重要。就過去經驗而言，初中三級若以問題爲單位，則其分配有左傾之趨勢。年級漸高，則所傾向左移，至初中三其趨勢近乎常態。猶憶上次研究中關於此點書有數語如下：

　　『問題非一單位，前已言之。若假定爲一單位而繪曲線，則優者所答之數與平庸者可許相等，其結果則曲線或呈常態，或傾於左 (Skewed to the left)，圖八之上部正爲吾人所料。白話文問題之難易相距不如文言文之遠，故優者能答之問題平庸者亦能答之，其結果則曲線不能保持常態而傾於右 (Skewed to the right)，圖八之下部亦如吾人之所料。圖八中共六曲線，其中僅初中三之文言成績近乎常態。吾人由此推測，似由高一以至高三其曲線將漸傾於右矣。是否如斯，俟明春舉行大規模測驗時定之可也。』

　　現有之事實並不全如前次之所料，大致在初、高級白話分配均傾於右，文言分配則傾於左，此就量表甲而言；至在量表乙白話情形與前相同，而文言情形則異常參差，無一致之趨勢。故問題較易致分配右傾，雖爲合理之推測；然其因子複雜，分配之傾向似不純由於此。又速率分配全爲左傾，此間無問題，更無所謂難易也。

　　表 2·16 移載附錄，其所表示爲試驗曲線常態性之數統計常數。χ^2 之求出，所以表示觀察結果是否近乎理論結果也。兩結果愈接近，則 χ^2 之數量愈小；χ^2 之數量愈小，則 P 之數量愈大。此中 n^1 之數目有相當之影響，吾人固不希望其過少也。就此間所有各數量而言，似理解與速度二者由初中一年級至高中三年級無一分配呈乎常態。觀所附各圖將益明瞭。

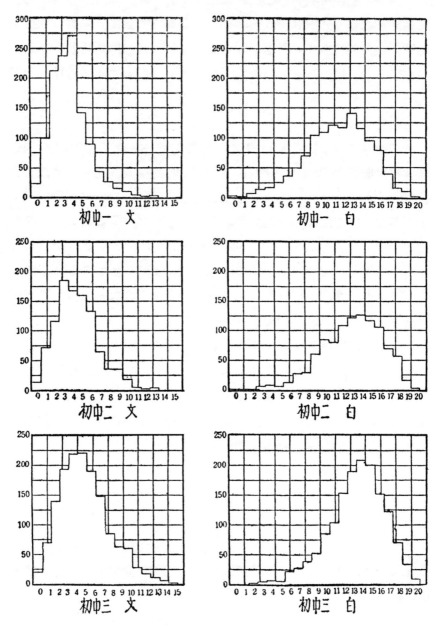

圖2.01　文白理解之次數分配

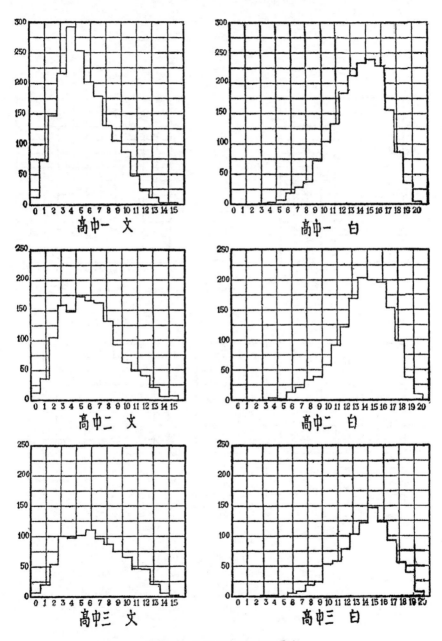

圖2.02　文白理解之次數分配

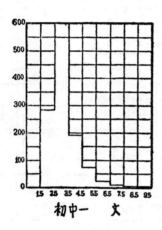
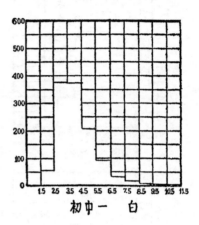

初中一　文　　　　　　　　初中一　白

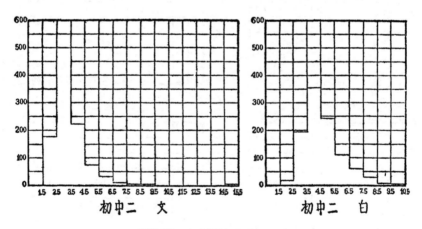

初中二　文　　　　　　　　初中二　白

圖2.03　文白速率之次數分配

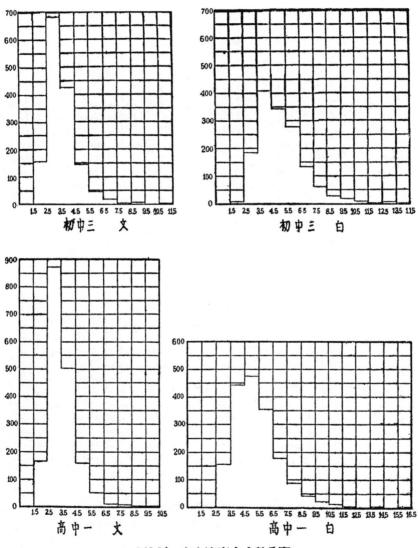

圖2.04　文白速率之次數分配

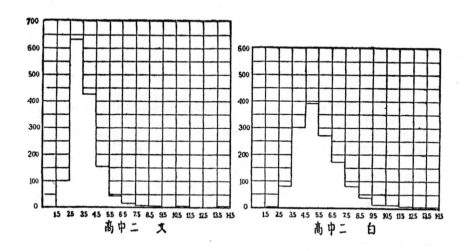

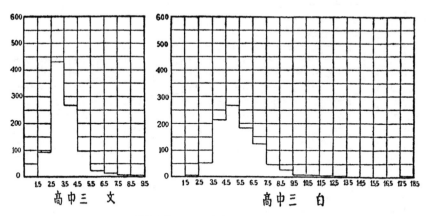

圖2.05　文白速率之次數分配

第七節　兩種統計方法之比較

問題單位與標準差 S. D. (Standard devication)之相關　在初次發表之論文中吾人對於成績係以 S. D. 值計算，其意，以爲假定次數分配呈乎常態，同時又顧及問題之難易；卽難者之百分數較大，易者之百分數較小之謂。用此種方法固能發見相當之事實；但用 S. D. 值表示個人成績頗不妥當，且不如以一問題爲一單位之明瞭。假使吾人用此兩種方法就所得之成績求一相關係數，則在此兩種方法中何取何捨當易裁決。表 2·17 所載卽爲此種結果。此間係數計 ℓ，其中除初中三文言者較小，爲數近於 0·80 以外，其他均在 0·90 以上。 此結果似表示兩種方法實無甚軒輊，二者之任一均能求出結果，以表現其眞實成績也。

表2.17　兩種成績之等級相關

(用量表甲根據兩種不同方法所計算者)

年　　　級		初中一	初中二	初中三
ρ	白　話　文	.9280	.9160	.9221
	文　言　文	.9985	.9206	.7969

第八節　總　結　論

歸納前述可得重要結果數則如下：

I.　就研究之經過而言：吾人對於測驗之技術，應試者之數目，所擇學校之代表性以及統計方法之比較雖不敢自詡悉臻上乘，毫無問題；然七年以來謹愼將事，確信所獲之結果有相當之科學價值。

II.　吾人用甲、乙兩量表以量測初、高兩中六級學生之國文能力，其人數在三萬以上，其學校所在地北達平、津，南迄寧、紹。量表甲內有白話、文言各一篇，前者長約一千七百字，後者長約一千字；各附有問題以求解答，前者之數爲二十，後者之數爲十五。每一

問題附有四答，其中正答僅一，所謂四答選一法也。此量表之爲用在測量初、高兩中各級學生之理解能力及其速率。材料相同，工作相等，而其他條件亦無不一致，故結果之不同所以表示級別之不同也。量表乙爲一普通默讀測驗，時間預先規定，結果祇求理解。此量表內有白話，文言各三篇，每篇字數在二、三百之間。在規定之時間內速度高者可以多讀一遍又幾分之一。故用量表甲所獲之結果雖僅理解一種，而此一種實已包含速度。就甲、乙兩量表比較，前者所表示之結果似較後者爲精確，蓋前者對於理解，速率二者分別統計不致混淆也。

　　Ⅲ. 各種結果之分敍：

　　　1. 中學文、白理解程度由初中一年級以至高中三年級（用量表甲測得者）就均數言，似能逐漸增高；卽年級旣升，成績亦隨之而佳。

　　　2. 六年中學習進步之趨勢雖如上述，但各級成績增加之數量並不相同。大致在文、白兩方均以由初中一至初中二者爲最多；而以初中三至高中一者爲最少。前者原因似爲一般學習曲線之趨勢，卽最初升高甚速，以後漸緩也；後者原因似有三點：（1）高中一年級多爲新生，國文入學試驗迄今尙無客觀標準，程度自難齊一；且一校之學額有其定數，欲招足學額，每犧牲程度，此事實上所難免者。（2）高中學科如英文、數學及自然等頗爲繁重，非多數新生所能應付；因此對於較易之國文功課逐勉強敷衍，僅圖及格，他非所求。（3）高中所選國文教材過於難深，致初、高兩中程度不能銜接。

　　　3. 在進步數量上除最多與最少之兩級而外，其他各級隨年級而減少，文白皆然。就文、白之進步兩相比較，其百分數以文言爲較大。例如由初中二至初中三文言進步爲 17·26%，而白話進步則不過 4·91%；又由高中二至高中三文言進步尙有 8·10%，而白話進步則僅 1·07%。如此則似白話之學習一至初中二卽無甚進步，而文言之學習則雖抵高中三仍續增高也。

4. 就六級平均進步而論：其百分數在文言爲11·88；在白話爲4·24，兩者相差幾至三倍。就初、高兩中分別而論：前者之百分數在文言爲18·41，在白話爲8·21；後者之百分數在文言爲9·22，在白話爲1·98。是在初中文言進步不及白話兩倍；而在高中前者之進步較之後者則超過四倍。

5. 各級下四分點所表示之結果在比較上大致與均數所表示者相同，卽自初中二後白話進步銳減，而文言進步在數量上則仍甚可觀。至在上四分點其趨勢似不相同。如高中二之白話成績遠在高中三之上，而其文言成績則尚弗如。此點在初次研究中發現於初中二、三之間，今則移至高中二、三之間矣。初次研究其地點僅限於京滬、滬杭兩路，所測學校似較一般學校爲高；此次範圍較大，人數較多，故其樣本之代表性當亦較大也。

6. 就上、下兩四分點各自比較：大致在前者以文言進步爲較速；在後者以白話進步爲較速。易言之，文言較難，惟聰穎者始能應付裕如，而遲鈍者則望塵莫及；白話較易，故遲鈍者能盡量學習表現進步，而聰穎者則似抵止境，再學無益也。

7. 文白題數雖不相同，然兩者似可化爲百分數以資比較。由此所得結果如下：白話——初中——57·45％，高中三70·70％；文言——初中——24·87％，高中三43·60％。就文、白而比較其進步，前者爲75·31％（43·60÷24·87）；後者爲23·06％（70·70÷57·45），故文言進步較之白話超過三倍。文言之學習在六年中其進步雖速；然就百分數比較，文言成績在高中三實不及初中一之白話成績。此種事實至足驚人，吾人不可忽視之也。

8. 就各級差別而言：無論文、白其數量均隨年級而漸減，或年級愈高而差異愈小。易言之，年級愈高，則程度漸齊。就文、白各自比較，文言差異均大於白話，各級皆然。就均數言，文言差異之大較之白話約有兩倍，是各級文言程度均不如白話程度之齊也。

9. 上述各點均爲量表甲之理解成績，至在速率方面其情形比較簡單。大致在初中三級文、白二者之閱讀速率各有增加，而其進步亦甚速。至高中竟無進步，而高中三之速率在文、白兩方面均不如高中二，似至高中二年級閱讀速率卽至生理限度。此後如繼續學習，於理解方面雖有相當之進益，而於速度實無所增加。關於文、白所讀字數之比率每分鐘大致爲二百字（或二百零五字）與三百字或（三百十五字）。

10. 量表乙之結果比較簡單，因此間僅計理解，不量速度。其實此二種成績均包括於理解之內，不過未如用量表甲之能劃分淸晰也。因測驗性質之不同，而用之以發見之事實亦不相同。就此二者以比較之，益使吾人獲有明瞭之見解也。

11. 就 M、Md、$Q_1 Q_3$、四統計常數而論：各級成績無論文、白均隨年級而轉優，或年級愈高，則成績愈佳。此間白話之上四分點仍以高中三較高中二爲高，此與量表甲所測得者不同。此並非兩種結果之矛盾，實因方法之不同。蓋在量表甲以工作爲單位，工作完畢，則閱讀雖速，乃爲另一種成績，於理解殊無補也。至在量表乙則以時間爲單位，閱讀速者若時間未到仍可重讀，因此理解成績乃能轉優。在量表甲就統計常數而言（參觀表1.09）：高中三之速度雖並不高於高中二，然其中實有一部分速者得佔便宜。吾人推想如此，而結論之劃分較爲明晰者當屬量表甲也。

12. 在量表乙就差異係數而言：除白話高中一爲例外外，其數量均能隨年級而減少，或年級愈高，而差異愈小，文、白皆然。此與量表甲之結果相同。大致文言係數均較白話係數爲大。此種差異之比較殊爲顯著，各級皆然，亦如量表甲之結果。

13. 猶憶在前量表甲關於各隣近兩級之相差其數量以初中三與高中一之間爲最小，今觀量表乙其結果並不如此。因此，前此所推論之三點似有修改之必要。其實目前所獲之結果與前述三點並無衝突之處。因此非結果之不同，乃方法之各異；蓋一以工作爲單位，一以時間爲

單位。且高中一之速度在量表甲之各種統計常數上大牛高於初中三。故理解速率兩成績混合之後致使一種重要事實由量表甲所表現者至此已不能表現矣。

　　就六級之幾何均數而言：量表乙之文言數量與量表甲相近，而其白話數量則較量表甲多百分之七十三（7.334.23＝1.7288或73％），此種意外之獲得似因時間較多之故。就初、高兩中比較，前者文言為19.27％，後者文言為6.59％，二者相差將近三倍；至在量表甲則不過兩倍（18.41：922）。又初中白話為13.11％，高中白話則不過2.56％，二者相差超過五倍；至在量表甲則止四倍（8.21：1.98）。量表乙之文、白進步在初中三級之所以較快，固因理、速二者歸併一處之所致；然初中之文、白及高中之白均以量表乙之幾何均數為較大，獨高中之文則尚不及量表甲。其實在量表乙文言之閱讀時間所增較白話為多，而其成績在高中乃竟不能好轉，於此吾人知文言之艱深有非多耗時間所能了解者。就量表甲、乙初高文、白之幾何均數而求比率，得下列各數：

文　言		白　話	
甲	乙	甲	乙
初中1.000：1.0468		1.000：1.5908	
高中1.000：0.7148		1.000：1.2929	

觀夫以上四數，則知時間加多後成績亦轉優者全為白話，尤以初中之白話（此間假定甲、乙兩量表之文言或白話有同樣之艱難度。就吾人觀察所及，乙表之文言並不難於甲表；且乙表所有均係短篇，每篇字數在二百與三百之間。閱讀之後其記憶似較甲表中千言一篇之能一貫也。）為甚。

　　14. 就兩性差別而言：成績若分理速二者（即量表甲成績），則無論初、高男生文言均優於女生；初中之白話亦復如是。其唯一例外為高中一之白話理解，然其機誤甚大，不能斷定女生之較優；其他二

級之優勝者仍屬男生，但機誤亦大，不能決定。理解與速率若歸併一
處（卽量表乙之成績），其趨勢與前相同，卽年級無論初、高均以男
生文言爲較優。至白話成績男、女之間頗形參差，大致在初中各級女
生程度略高；在高中各級則稍遜。前者兩數相差之機誤亦不如後者之
確定，故所謂略高者在統計上亦不能成立。

15. 根據此種結果吾人似可決定兩性差異問題。大致在初入中學
時男、女生成績相差甚近，以後漸遠，優者總屬男生，此就較難之文
言而言。若在較易之白話，女生於最初似能勝過男生，但在後又弗及
矣。

16. 以遲鈍之女生與遲鈍之男生較：在最初彼此相差爲數極少，
至最後則相差甚大。似遲鈍之男生經數年中學之薰陶，能有長足之進
步；而女生之遲鈍者則追隨莫及矣。

17. 以聰穎之女生與聰穎之男生較：在最初彼此相差其數量較中
庸與遲鈍之男、女生爲大；但至最後則又較中庸與遲鈍之男女生爲
小，似聰穎之女生能追及聰穎之男生也。

18. 就上述結果而論：男、女兩性確有差異，唯此差異似屬環境
關係。方初入中學時男、女兩性並無顯著之差異，卽稍有之，其數量
亦不足重輕。男女中學以分立爲原則，分立旣久，遂各成風氣。在普
通中學就課程而言，男、女雖無二致；然就平日生活而言，彼此實有
差異。

19. 女生除修習學校功課而外，常兼顧女紅，此其差異之點一；
女性親長不識字者尚多，與之常相接觸，學問自少長進，此其差異之
點二；女子中學旣自成風氣，則學習進步之遲、速在教師方面亦自有
其標準，雖較男、女總平均成績爲低亦不自知，此其差異之點三。故
此種差異均來自環境中也。

20. 尤有進者，卽各級男、女生之年齡並不相等。大致在最初兩
級女大於男；在最後兩級男大於女。年齡差異在成績上不無影響，但

此影響並不甚重要也。

21. 在學校分類中有國立、省立、縣、市立、私立及敎會立五種。此外尙有中大入學考試錄取生，卽高中二、三兩級因人數不足而用此錄取生以特別補充者。

22. 就立別而評判等級，大致國立大學附中居第一；私立次之；省立又次之；縣、市立與敎會立均極平常，無論文、白、理、速其大半成績均在標準線以下。所謂縣立僅松江兩校前已言之，至所謂市立則包括京、滬、平、靑諸大市。諸大市立學校成績如此，則未免令人失望。考其原因似有二點：（1）敎、職員待遇甚薄，致優良者每見厚薪而他遷。（2）政治常有變遷，學校因之受其影響，致敎育行政人員不能久於其位。

23. 關於中大入學試驗錄取生其成績在理解方面可謂高於一切；然其速率無論文、白均在標準以下，此中有一原因，卽參加此次測驗者以爲此係編級測驗，故力求成績可觀，不知所謂成績不止理解一種也。

24. 關於甲、乙兩量表之相關　其係數爲 0.84，其比率爲 0.89。此兩數量均不爲小，或兩量表之信度甚大。猶憶去年漢字測驗中所得兩量表之相關係數爲 0.97，此次所得則相形見絀。此次數量之所以較小並非信度上發生問題，實自有其理由在。因量表甲之成績純粹屬於理解，而量表乙之成績則代表理解與速率二者。理解與速率二者相關並不甚大（事實詳在前面），因此甲、乙兩量表之總成績亦稍受影響，此不可不敍明者也。

25. 就甲乙兩量表結果而與學校國文成績求相關，其係數小者僅 0.37，大者達 0.90，平均約 0.665，是爲效度。

26. 文、白、理　速相互間之關係根據此次結果得有下列數端：

　　A. 文理與白理之相關 係數爲 0.50 ，初中各級得 0.50 以上者機會較多；高中各級則常在 0.50 以下，但所謂上、下均近於 0.50。

B．文速與白速之相關係數就全體而言爲 0.72。若分初、高兩中而計算之，其平均在前者爲 0.83；在後者爲 0.56，各級間之相差均甚近。

C．文理與文速之相關係數在初中平均爲 0.42；在高中平均爲 0.30。前者相差甚近，後者相差甚遠。

D．白理與白速之相關係數在初中平均爲 0.31；在高中平均爲 0.04，前者相差較後者爲近。

第三章　　中學國文理解深度之研究

第九節　　緒　　　論

　　十年前作者爲考察中學國文能力起見，曾編製中學國文理解力測驗一種。內分白話、文言兩類，施行於江、浙、冀等省各中等學校，其所用之測驗卷在兩萬本以上。最初之一部份結果業已發表。註 此結果祇限於初中各級，然而僅此初中各級之成績卽足使吾人滿意，蓋其統計結果頗能表示各級國文能力之差異，而在文言文方面此種差異尤爲明顯。

　　所謂『理解力』者究爲何物？此問題在施行測驗求得結果之時實非常重要。作者在前次報告上對於理解力之意義曾有所論列，茲錄之於下以備討論：

　　『此次測驗，重理解力而不重記憶力。記憶力雖未必爲理解力，而理解力實含記憶力。學生之記憶力强者，無理解力則問題無從解答；惟理解力强者，亦恃記憶力始能應付自如。今試舉一例：在王安石讀孟嘗君傳中，關於孟嘗君之不能得士，王氏個人在其文中並未明白叙述；惟其語氣之中實含有不能得士之意義。故一則曰：『孟嘗君特雞鳴狗盜之雄耳，豈足以言得士？』再則曰：『夫雞鳴狗盜之出其門，此士之所以不至也。』學生當閱讀之時，對於全篇語句若能一氣呵成，則不能得士之意義於理解中見之；若專恃記憶力則無從解答。故曰：『記憶力雖未必爲理解力，而理解力實含有記憶力也。』

　　上述例題在理解之性質上固甚切實，惟在測驗之正文上擬題既不厭其多，是否各題均能合以上之條件誠是問題，所謂擬題不厭其多者，並非濫竽充數之謂；實因在程度上吾人希望求出極明顯之差別也。

註　艾偉初中國文成績之實驗研究　　教育心理學論叢　　中華書局

第十節　實驗之計劃與進行

　　據一般之見解以爲記憶與理解之不同在前者爲時間問題；而後者則非延長時間所能奏效。蓋問題若屬於記憶，則論文閱讀一遍而不能了解者，閱讀兩遍必能解答之；問題若純屬於理解，則學生程度之不足者，雖閱讀三遍、四遍以至五遍，恐亦不能解答。吾人從前所施行之國文理解力測驗，因人數過多，時間有限，在高初中各級中無論程度如何差異，閱讀均祇限於一遍。因此，問題之理解與否無從揣測。在此次實驗中吾人令應試者每人閱讀五遍。每讀完一遍必請其解答一次。就此五次成績而比較之，則各級之理解程度或可決定也。

　　吾人之實驗計劃既定，乃於南京某女中舉行之。當時所選之應試者爲七十二人，代表初、高兩部之六級，每級十二人。此十二人之已往成績在國文上應爲優良者。所謂成績優良者由學校當局就教師之所評判定之。此種評判雖非絕對客觀，然亦有相當之價值。此次實驗爲一種個別實驗，蓋閱讀之速度因人而異；應試者每人既須閱讀五遍，其閱讀之遲速當聽其自然。個別實驗極費時間，是以此次實驗吾人不能大規模的舉行之。初、高兩部之六級雖各選十二人以作代表，而其實最後統計中之所用各祇十人之成績。此種辦法之原因有二：其一數以十進較易計算，其二爲應試之時恐有臨時請假者。用兩人以作代替以備不時之需，則統計結果不致受其影響。大致十二人之成績中吾人取其成績較優者十名，謂之爲前十名亦可。

　　閱讀之材料爲作者第二次編製之國文理解力測驗量表甲，其中文言文一篇，凡九百二十六字，所擬問題十五；又白話文一篇，凡一千七百六十三字，所擬問題二十。實驗時吾人令應試者坐於試驗者對面，閱讀之時以隨停錶（Stop-watch）計算其時間。每讀完一遍，由應試者就問題作答，其正誤不置可否。二遍讀完，再行解答。由閱讀者自行糾正其錯誤。初次答對，二次改錯者亦聽之。此實驗繼續舉行

至五次而後止。就此五次成績而統計比較之，頗有可研究之點，茲試述於下。

第十一節　統計結果之研究

統計表上之成績在理解方面爲百分數。此百分數之求得在：（1）先求每一問題十人答對之百分數，如第三題十人之中有六人答對，第五題十人之中有四人答對，則前者成績爲百分之六十，後者成績爲百分之四十，二者難易之比較當以第五題爲較難，其與第三題之相差爲百分之二十；（2）次求問題總數之平均百分數，如文言文有題十五，白話文有題二十，就此二數分別統計之，得各級之總均數，此即理解之百分數。在速度方面吾人求得之結果爲每分鐘所讀字數。

表3.01　初高兩中各級理解深度之比較

文字類別	閱讀次數	初中一 理解 百分數	速率 每分鐘所讀字數	均差	初中二 理解 百分數	速率 每分鐘所讀字數	均差	初中三 理解 百分數	速率 每分鐘所讀字數	均差
文言文	第一次	24.00	171.00	.74	29.33	241.00	1.58	16.67	217.00	.74
	第二次	34.67	192.00	.71	30.67	299.00	1.98	30.00	302.00	.62
	第三次	44.00	204.00	.54	44.00	374.00	2.34	30.67	303.00	.98
	第四次	48.67	239.00	.73	43.33	389.00	2.93	32.00	323.00	1.12
	第五次	53 33	278.00	1.22	50.67	53.00	3.34	36.00	401.00	1.63
	均數	40.93	216.80	.79	39.60	351.20	2.43	29.07	316.20	1.02
白話文	第一次	62.50	258.00	.91	73.00	394.00	2.34	58.50	330.00	1·41
	第二次	72.50	332.00	.95	75.00	341.00	1.82	70.50	387.00	1.42
	第三次	79.00	346.00	1.25	82.50	633.00	4.87	70.50	503.00	2.15
	第四次	84.50	423.00	1.06	85.00	812.00	7.84	74.50	566.00	2.31
	第五次	85.00	468.00	1.63	85.00	829.00	6.06	82.00	675.00	2.93
	均數	76.70	365.40	1.16	80.10	601.80	4.58	73.50	493.20	2.04

文字類別	閱讀次數	高中一 理解 百分數	速率 每分鐘所讀字數	均差	高中二 理解 百分數	速率 每分鐘所讀字數	均差	高中三 理解 百分數	速率 每分鐘所讀字數	均差
文言文	第一次	34.00	186.00	.73	26.67	219.00	.90	37.33	202.00	.92
	第二次	52.00	217.00	1.52	40.67	238.00	1.35	54.67	212.00	1.22
	第三次	60.67	274.00	2.13	48.67	276.00	1.28	62.67	295.00	2.35
	第四次	69.33	317.00	2.49	57.33	326.00	2.00	72.67	329.00	2.56
	第五次	77.33	405.00	3.65	64.67	356.00	2.19	78.00	385.00	2.49
	均數	58.67	279.80	2.10	47.60	283.00	1.55	61.07	284.60	1.91
白話文	第一次	75.50	310.00	1.84	63 50	332.00	1.68	72.50	313.00	1.49
	第二次	88.50	432.00	2.71	80.00	410.00	2.35	84.50	445.00	3.01
	第三次	88.00	508.00	3.12	88.50	562.00	2.47	88.00	619.00	4.20
	第四次	93.00	731.00	5.81	91.50	643.00	2.30	91.50	697.00	3.43
	第五次	95.50	761.00	5.21	93.50	755.00	3.51	94.00	886.00	4.43
	均數	88.10	548.40	3.72	83.40	540.40	2.46	86.10	592.00	3.32

表 3.01 所表示爲吾人研究之全部結果。理解成績之所以無均差，因就答對人數之百分數計算，僅得各級之總成績；而不能如求速率時，有各個人之成績也。在此表中關於各級理解之進步吾人可以一目了然，惟在各級中程度參差不齊，如初三不及初一、初二兩級，而高二亦不及高一，此種情形在文言、白話兩類均有之。就均數而言，在理解方面初一得 40.93、初三得 29.07，是初一之成績最好、初二次之、初三又次之，實際結果均與應得之結果相反，此就文言而言。至在白話方面以初二爲最好、初一次之、初三又次之。至兩類之閱讀速度均以初二爲最好、初三次之、初一又次之。故初三在理解方面雖不如初一，而其速度尚屬可觀。總之，各級程度之不齊則甚明顯。惟所謂初中各級者，乃由少數人代表者，並非每級全體之均數，此又爲吾人所應注意者。

在高中方面，其程度參差之情亦正相同。在文言文之理解方面，高三最好、高一次之、高二又次之；此三次之速率相差甚微，以等第論，高三最好、高二次之、高一又次之。在白話文之理解方面，以高一爲最好、高三次之、高二又次之；在速率方面，高三最好、高一次之、高二又次之。

就差異而論，白話較文言爲大，高中較初中爲大；五次閱讀之中最後兩次較小，最初三次爲大。

表 3.01 上所有之均數爲五次閱讀之平均。此種均數在統計之理論上本無甚意義，所以悉數求出者，爲比較上之便利也。各級既因人數過少而不能代表其全體，又因程度之參差而不能相互比較；不如就各級而併爲初、高兩部，根據此種結果而求其學習之增加率，並以幾何均數表示其進步之平均，如此則在統計學上不發生問題。

此結果詳列於表 3.02 之上。在文言文之理解方面，初中之幾何均數 1.1891，高中幾何均數爲 1.2240 換言之，初、高兩中加讀四次之後，其平均之增益在前者爲 18.91％，在後者爲 22.40％。此兩中成績

之相差並不甚遠。在速率方面，四次之平均增益在初中爲 14.51%，在高中爲 17.08%，二者相差亦不甚遠。在白話文言理解與速率方面，二者之相差較在文言爲遠，而兩者之成績均以高中爲較優。就此結果而言，所謂理解深度在初、高兩中實相差甚微，惟此種結論不能遽下，俟再觀表 3·03 可也。

表3.02 初高兩中理解成績進步之比較

文字類別	閱讀次數	初			中	高			中
		理	解	速	率	理	解	速	率
		百分數	增加率	每分鐘所讀字數	增加率	百分數	增加率	每分鐘所讀字數	增加率
文言文	第一次	23.33	1.0000	217.67	1.0000	32.67	1.0000	202.33	1.0000
	第二次	31.73	1.3622	264.33	1.2033	49.11	1.5032	222.33	1.0939
	第三次	39.56	1.2448	293.67	1.1110	57.33	1.1673	281.67	1.2669
	第四次	41.33	1.0447	318.67	1.0351	66.44	1.1589	324.00	1.1502
	第五次	46.67	1.1292	377.33	1.1841	73.33	1.1037	382.00	1.1790
幾何均數			1.1891		1.1451		1.2240		1.1703
白話文	第一次	65.67	1.0000	327.33	1.0000	70.50	1.0000	318.33	1.0000
	第二次	72.67	1.1066	353.33	1.0794	84.33	1.1962	329.00	1.0335
	第三次	78.67	1.0826	395.67	1.1196	88.17	1.0455	563.00	1.7113
	第四次	83.83	1.0656	600.33	1.5122	92.00	1.0437	690.33	1.2262
	第五次	84.00	1.0016	657.33	1.0867	94.00	1.0217	800.67	1.1598
幾何均數			1.0634		1.1871		1.0995		1.2593

表3.03 初高兩中逐次成績之比較

文字類別	閱讀次序	理 解 力（以百分數計）				速 率（每分鐘所得字數）			
		初 中	高 中	高中高于初中之百分數		初 中	高 中	高中高于初中之百分數	
文言文	第一次	23.33	32.67	40.03		219.67	202.33	— 7.89	
	第二次	31.78	49.11	54.53		264.33	222.33	—15.89	
	第三次	39.56	57.33	44.92		293.67	281.67	— 4.08	
	第四次	41.33	66.44	60.22		318.67	324.00	3.55	
	第五次	46.67	73.33	56.73		377.33	382.00	1.24	
均數=51.30						均數=—4.24			
白話文	第一次	65.67	70.50	7.35		327.33	318.33	—2.75	
	第二次	72.67	84.33	16.04		353.33	329.00	—6.88	
	第三次	78.67	88.17	12.03		395.67	563.00	42.29	
	第四次	83.83	92.00	9.75		600.33	690.33	14.99	
	第五次	84.00	94.00	11.90		657.33	800.67	21.81	
均數=11.42						均數=13.97			

在表 3.03 之上關於理解及速率二者高中 高於初 中之百分數 均已算出。在此始見高中優越之處。即在文言文之理解方面高中之所高爲 51.30％， 此發覺超過初中成績之一半 ；惟在 白話之理解方面 則祇 11.42％。關於速率之比較，高中之文言尚不及初中，而其白話則較初中高 13.97％。 此種結果頗有研究之價值。吾人所應注意者爲初、高兩中在文言、 白話兩數 其成績相差之大。 所謂初中實初中 三級之平均，所謂高中亦高中三級之平均，此兩中成績之相距實有兩級，一若初中二之與高中二；而實際上此兩中之平均較單獨之初中二或高中二較有效力也。高中之高於初中在文言文其數量之所以大，而在白話文其數量之所以小，據一般之見解以爲文言文較費理解，故高中之理解力較強。白話文所費之理解既較少。故初、高兩中之成績相近，而仍以高中成績爲較高，因白話文究需相當之理解也。此種情形在速度方面並不相同。由表 3.03 觀之，在文言方面，高中速率尚不及初中；而在白話方面，則有過之。可知高中之所以高祇在文言文之理解上表示明顯，其閱讀所需之時間並不特少也。

表 3.02 之上尚有一點應加注意者，即在五次閱讀中在文言，白話兩類之理解上均以第二次之進步爲最大。至在速度上其情形頗參差，在初中文言以第二次爲最大，在高中文言以第三次爲最大；在初中白話以第四次爲最大，在高中白話以第三爲最大。就實驗情形論之，應試者在第二次 當集全力以赴之， 故速率所加有限， 而理解 則進步甚速。此後速度加快，因全篇意義懂得甚多也。

根據上述事實，吾人以爲一般對於所謂理解之見解不盡與吾人所獲之實驗結果相同，第一，在相當情形之下理解與時間頗有關係，因時間不足，理解即不能達到相當之程度。第二，讀白話文理解亦極需要。第三，理解之進步在五次閱讀之中以第二次爲最大。第四，讀費理解之文其速度極少增加；反之，速度增加極快者，其文之理解必甚易。

就上述四點論之，作者以爲理解力卽是閱讀能力。換言之，理解
力强者其閱讀能力卽大；弱者其閱讀能力卽小。分析言之，此理解能
力應有三部分或三種：一爲純粹理解力，卽程度不到雖多費時間亦不
能了解者；一爲含有記憶之理解力，卽最初雖不能了解，然於時間加
多之後卽了解者；一爲文字連貫上之理解力，卽有閱讀之習慣者藉多
次之閱讀而理解者。此三種理解力決非純粹之記憶所構成。然此三種
實均含有記憶力，而其强弱亦直接視記憶力之强弱而定。就分量而
言，文字連貫上之理解力所含之記憶力最大、第二種次之、第一種又
次之。第一種所含之所以少，因此種理解力旣爲純粹的，則習慣早已
養成，在閱讀之時不過回憶 (Recall) 而已。第二種所含之所以較多，
一因習慣尙未完全養成，一因此間之閱讀不專恃理解，而同時亦需
記憶。第三種所含之所以更多，因除在閱讀之習慣上有學習之轉移
(Transfer of Learning) 外，其他方面均須記憶。理解與記憶兩種
能力均强者，則此三種理解力亦强；理解力强而記憶力不强者，則此
三種理解似比較的弱；若祇能記憶而不能理解者，則第一種理解不能
存在，第二、第三兩種雖有，而其力量則甚薄弱矣。就心理方面而
言，此純爲習慣關係，蓋習慣已經養成者遇刺激之來卽能反應，第一
種理解力是也；若習慣尙未完全養成則需相當之時間以作補充，俾此
刺激反應之聯合得以鞏固，此第二種理解力也；若普通之閱讀文言文
或白話文，習慣雖經養成，而其能力尙嫌不足，遇新論文覺其內容非
常生疎，故須再讀之、三讀之以至四讀之始能記憶，此第三種之理解
情形也。因此理解力能逐次進步，並非如一般之見解，以爲能解者一
看卽懂，不因時間之加長而有進步也。

第十二節　問題難易之分析

此種理論不但在以上三種之統計結果上可以證明，卽在理解問題
之分析上亦甚了然。表 3.04 所表示爲問題艱難度之比較，此爲第一次

與第五次平均兩成績。由此表觀之，問題之最難與最易者之比較在第一次之文言與白話兩類初、高兩中各自之相差均甚大，其數量在初中文言爲 3.33 與 40.00，在高中文言爲 10.00 與 63.33；又在初中白話爲 16.66 與 100.00，在高中白話爲 18.00 與 96.66。五次平均之成績爲比較確定，最難題與最易題之相差亦比較小。其數量在初文爲 14.66 與 52.60，在高文爲 27.33 與 83.33，此二者均約爲一與三之比；在初白爲 39.33 與 99.33，在高白爲 49.33 與 98.67，前者爲一與 2.5 之比，後者爲一與二之比。是以文言題在最難與最易之間其相差比較大。

表3.04 問題艱難度之相關統計

	第 一 次		五 次 平 均	
	文 言	白 話	文 言	白 話
ρ(初中與高中)	.56	.77	.70	.74

（每題以答對者百分數計算）

在問題之等級方面初、高兩中雖各有參差，然就等級之相關而言，其係數（表3.05）並不爲小，文言文以五次平均爲比較高，白話文雖以第一次較五次平均爲高，然兩數之相差極其有限。相關係數之大小與理解之難易似有關係，大抵白話文第一次即多半了解，故其係數在此次即甚大；文言文在此次不能完全了解，故其係數較五次平均時爲小。

將表 3.04 上之材料重行組織得表 3.05 上之結果。在此表上將文言十五題分爲難易兩段，前者八題，後者七題；又白話文亦分爲難易各十題。就此各分段觀之，初中與高中所共同者甚多，計文言難題八個之中其共同者有六個，得全體百分之七十五；文言易題七個之中其共同者有四個，得全體百分之五十七。又白話難易題有共同性者各佔百分之七十，是各題之百分數在初、高兩中之所得雖各不同，而在難易之感覺則大致相同。就此有共同性之問題而求其平均成績，在初文難者爲 25.66，易者爲 48.06；在高文難者爲 41.89，易者爲 71.50；前

者爲 1 與 1.9 之比；後者爲 1 與 1.7 之比。又在初白難者爲 61.90，易者爲 90.00；在高白難者爲 73.01，易者爲 94.66；前者爲 1 與 1.45 之比，後者爲 1 與 1.3 之比。是文言題較白話題距離大，又初中較高中距離大，此無他，文言文較難理解故也。

表3.05　初高兩中在各題理解上之相關

文　言		初　中	高　中	白　話		初　中	高　中
難題	兩極距離	23.33—3.33	38.00—14.66	難題	兩極距離	77.33—39.33	88.00—49.33
	均　數	25.66	41.89		均　數	61.90	73.01
易題	兩極距離	52.60—43.59	83.33—62.66	易題	兩極距離	99.33—82.66	98.67—92.00
	均　數	48.06	71.50		均　數	90.00	94.66

今試就共同題而分析之，在文言文方面計有三種如下：

I.　純粹理解者　例如在顧亭林書吳、潘二子事一文中，其第六題爲『顧亭林視吳、潘二子爲畏友，因爲他們①史學比他好；②文學比他好；③對他常常施以恐嚇手段；④對他說話，喜直言不含客氣，』在原文關於此題之一節爲『余之越過潘子時，余甥徐公肅新狀元及第。潘子規余無以甥貴稍貶其節。余謝不敢。二子少余十餘歲，而余視爲畏友，以此也。』欲答六題固須熟記此節，然『畏友』二字之意能理解者必能答出。此題初、高兩中均覺難者，實因此二字之意義事前並不了解也。

第三題在初，高兩中雖無共同性，然在初中特別感覺其難者實與前例相同。此題爲『吳、潘二子欲成一代史書，因爲他們之志向在傚法：①司馬遷、班固；②朱公國楨；③莊生廷鑣；④左氏。』在原文上關於此題爲『蘇之吳江有吳炎、潘檉章二子，皆高才。當國變後，年皆二十以上，並棄其諸生，以詩文自豪，旣而曰：「此不足傳也，當成一代史書，以繼遷、固之後。』所謂遷、固，若事前不知爲司馬遷、班固，則無論如何必不能解答此題。此題在初中之所以覺難而在高中之所以較易，實爲純粹之理解問題也。

Ⅱ.　文字穿挿經熟讀後始能了解者　此與<u>王安石</u>讀<u>孟嘗君</u>傳中之例題相同（而與其相似者亦併入此類中），例如第十五題爲『<u>莊</u>氏難作時，<u>吳</u>、<u>潘</u>二子①慷慨大罵；②不罵不辨，③獲免於難；④同論死罪。』在原文上關於此題爲『四大臣大怒，遣官至<u>杭</u>，<u>莊</u>生之父及其兄<u>廷鉞</u>及弟、侄等，並列名於書者十八人，皆論死。……所殺七十餘人，而<u>吳</u>、<u>潘</u>二子與其難。當鞫訊時，或有改辭以求脫者，<u>吳</u>子獨慷慨大罵，……<u>潘</u>子以有母故，不罵亦不辨。』

Ⅲ.　除文字之閱讀習慣外專恃記憶者　例如第七題所述爲；新狀元<u>徐公蕭</u>①<u>潘檉章</u>之甥；②<u>吳炎</u>之甥；③<u>顧亭林</u>之甥；④<u>莊廷鑵</u>之甥。』此間除閱讀之習慣外，其所需實止記憶力也。

此三種問題分爲三種理解，與前述之三種同。此三種中以第一爲最難，第二次之，第三又次之。前二種屬於難題，最後一種爲易題。此文言題分析之大槪，而其實可就其成績分爲若干等級也。

在白話文方面，其問題性質稍異。其實白話文極少純粹者，因此白話文在理解上之難易視所含之文言分量而定。就吾人之所用而分析之，得下列幾種：

Ⅰ.　白話中含有文言　例如原文爲『不上兩個月，他第一件進步的證據，就是口無惡言。』擬題，（第八題）爲『他入學後，第一進步的證據是：①清潔；②誠實；③不罵人；④不打碎路燈。』

Ⅱ.　原文上述叙述事實極其簡短者　例如原文爲『<u>國楨</u>！你可知道欺詐是不成器的根源，誠實是大人物的本質。』在第十八題所擬爲『不成器的根源是：①不讀書；②頑皮；③欺詐；④意馬心猿。』此題之艱難度在初、高兩中竟列第一，此亦吾人所意想不到者。

Ⅲ.　文字穿挿非經熟讀不能了解者　例如第十題爲『<u>陸國楨</u>偸竊行爲發覺的原因：①自首於<u>吳</u>先生；②被<u>吳</u>先生偵查出來；③被販賣部控告；④爲了賒欠問題，被<u>吳</u>先生看出破綻。』在原文上關於此題爲『<u>陸國楨</u>心裏很以爲得意，料定沒有破綻了。隔了三天，學校裏

販賣部新到了新字典。他就拿了十個銅元去買。誰知道定價要兩角，不夠得多哩！意欲暫且賒欠，到有了機緣，再取償於「外府」罷。販賣部的助手去請命吳先生，取決這賒欠問題。』

　　Ⅲ.　原文上敘述事實用純粹的白話者　　例如第三題爲『他的父母教訓他，所用的方法是①安慰；②打罵；③誠敬；④欺詐。』在原文上關於此題爲『他的父母只有罵他，打他兩種方法。』

　　Ⅴ.　原文上對於事實曾經反覆敘述者　　例如第四題爲『他闖了禍，人家去質問他；到不能了結的時候，他用的妙法是①罵；②哭；③打；④扮鬼臉跳躍而去。』在原文上關於此題爲『點燈的雖也知道是他闖下的禍，却不敢去質問他。因爲他有哭的妙法，到了不能了結的時候，總是付之一哭。人家見他哭了，就不再同他理論。』此間對於「哭」的行爲曾作三次敘述，因此在解答上較易。

　　此五種中，前三者屬於難題，後二者屬於易題。此亦分析之大概，而實際上有兩種情形合爲一種，致使其題變難或轉易者。

第十三節　白話與文言之相關研究

表3.06　文言與白話在各次之相關係數

	文言與白話之相關係數
第　一　次	.44
第　二　次	.61
第　三　次	.57
第　四　次	.55
第　五　次	.21

　　尚有一統計上之問題，卽白話與文言在各次閱讀上之相關是。表3.06所表示爲此種結果，在五次閱讀中以第二次之相關係數爲最大，第三次次之，第四次又次之，第一次居第四，第五次爲最小。由此觀之，欲文言與白話之相關係數大，當用第二次之閱讀成績，在此次應試者能聚精會神，故在第一次有不能了解者，在此次已大半了解之，

以後數次之所加實爲有限。第一次之相關係數爲 0.44，佔五次中之第
四位，或者以爲太小，而吾人在大規模之測驗中所用之相關係數實爲
第一次，似此則應試者之成績應有加測一次之必要。惟此種計劃頗難
實行。就初次報告而言，文言與白話之相關係數在初中一年級爲 0.52
，在初中二年級爲 0.49，在初中三年級爲 0.55。此三者均較此間所報
告之第一次係數爲大。此間之係數爲 0.44，此爲六十人之文，白相
關，而初次報告中則爲千人之文，白相關，故初次報告中各級之文，
白相關係當較可靠也。

　　表 3.07 之上尚有一種結果爲各次成績在文言與白話上之相關，卽
文言文與文言文白話文與白話文在不同次數上之相關。此爲研究測驗
信度 (Reliability) 所必需者，蓋欲信度之加大有二法焉：一爲加長
測驗之內容；一爲重施測驗至相當之次數時，其相關係數升至一定之
數量爲上。由表 3.07 觀之，在文言文其第五次之相關係數爲 0.79，在
白話文爲 0.86，假使相關係數在 0.75 以上吾人覺爲滿意，則測驗至
五次亦足矣。其實白話文之係數在第四次已升至 0.90，至第五次復行
降落，如再測驗數次，恐亦不能達到 0.90。因白話文較易理解，至第
五次時間已極充分，成績優劣之判別已極明顯，若繼續測之，則劣者
雖較好，而優者無所加，地位因此錯亂而相關係數降低矣。

表　3.07文言與白話各自之相關

			文　言	白　話
			第　一　次	
第	二	次	.42	.44
第	三	次	.57	.64
第	四	次	.69	.90
第	五	次	.79	.86

（以每一題作一單位）（人數六十即初一至高三每級十人）

第十四節　結　　論

茲就統計上之結果歸納之得以下十點：

1. 本實驗應試者六十人，初中一、二、三三級及高中一、二、三三級各十人，每人測驗五次，測驗內容爲文言、白話各一篇，測驗成績分理解與速度二者，理解以百分數計算，速度求每分鐘所讀字數。

2. 成績之比較有初中與高中，文言與白話及第一次閱讀與以後四次之閱讀。

3. 就理解而論，在文言與白話兩方面均以高中較初中爲優，初中與高中之比率在文言爲 1 與 1.51，在白話爲 1 與 1.11。就速度而論，在文言文高中不及初中其相差爲 4.61%；在白話文高中較初中爲優，其相差爲 13.97%。

4. 五次平均之增加在初、高兩中以文言文所加爲多，計初中文言文所加爲 18.91%，高中文言文所加爲 22.4%；又初中白話文所加爲 6.34%，高中白話文所加爲 9.95%，在速度方面初，高兩中在文言與白話兩類所加之百分數相近，計初中文言爲 14.51%，高中文言爲 17.08%又；初中白話爲 18.71%，高中白話爲 25.93%。

5. 在理解方面五次之中以第二次之增加爲最大，如初中文言爲 36.22%，高中文言爲 50.32%；初中白話爲 10.66%，高中白話爲 19.62%。在速度方面其情形頗不一致，如初中文言以第二次爲最大，其數爲 20.33%，高中文言以第三次爲最大，其數爲 26.69%；又初中白話以第四次爲最大，其數爲 51.22%，高中白話以第三次爲最大，其數爲 71.13%。

6. 文言文一篇有題十五，白話文一篇有題二十。就各題之艱難度而論，其相差雖甚遠，而其初、高兩中之等級相關則甚近。在五次成績之平均，其文言文相關係數爲 0.70，其白話文相關係數爲 0.74。

7. 除求等級相關而外，可就題數分爲難易兩類，如分文言文十五

題爲八難題、七易題，分白話文二十題爲難易各十題。再就此難題或
易題之中覓其有初、高兩中之共同性者，所得在文言難題八個之中爲
六個，佔全體 75％，在文言易題七個之中爲四個，佔全體 57％；又
在白話難題與易題之中各有七個，佔全體 70％。故難易之感覺在初、
高兩中大致相同，惟前者之程度低於後者耳。就數量而言，文言難題
之平均在初中爲 25.66，在高中爲 41.89，其比率爲 1 與 1.6；文言易
題之平均在初中爲 48.06，在高中爲 71.50，其比率爲 1 與 1.2。又白
話難題之平均在初中爲 61.90，在高中爲 94.66，其比率爲 1 與 1.1。

　　8. 文言與白話之相關五次之中以第二次爲最大，第三次次之，第
四次又次之，第一次居第四位，第五次爲最小。各次之相關（即第一
次與以下各次）在白話文以第四次爲最大，其數爲 0.90；在文言文以
第五次爲最大，其數爲 0.79。

　　9. 理解力有三種：一爲純粹之理解力；一爲文字穿挿上之理解
力；一爲文字連貫上之理解力。此三者均含有記憶力。在閱讀之時，
就分量而言，以第三種所含之記憶力爲最多，第二種次之，第一種又
次之。第一種所含之所以少，因在閱讀之前已養成習慣，已能記憶，
在閱讀之時祇須回憶而已。第二與第三之所以有別，因前者反覆、非
直叙，故較難；後者順次、直叙，故較易。

　　在閱讀之時，若總括言之，則理解力即是閱讀能力；若分析言
之，閱讀能力實視理解與記憶二者之強弱而定。理解與記憶兩能力均
強者其上述之三種理解力亦強；理解力強而記憶力不強者其此三種理
解力似較弱；若祇能記憶，而不能理解者，則第一種理解力頗難存
在，第二、第三兩種雖有之，而其力量亦甚薄弱。

　　上述之三種理解力雖於五次測驗之後始甚明顯，然於首次測驗之
後，其規模即已粗具。以後繼續測之，其成績在初、高兩中雖各有變
遷，然就地位而言，其變更殊少。因五次之平均增加在初、高兩中相
距不遠，而在第一次對於初、高兩中程度之差異實已判別矣。

10. 上述之三種理解力係就文言文而言，至在白話文方面，則其情形比較複雜。概括言之，白話文之理解力可分析爲五種：①白話文中之文言理解力。因純粹之白話文甚少，而白話文中實多少含有文言文也；②敘述中簡短事實之理解力。因文中所敘事實極其簡短，在閱讀之時，一轉瞬間其意義頗易忽略過去，故較難理解也；③文字穿插上之理解力。文字極穿插之能事，非經熟讀不能了解者；④純粹之白話理解力。文中純用白話敘述，故理解亦易；⑤事實在反覆敘述上之理解力。事實旣經反覆敘述，則在第一句未能了解者至第二，第三等句又經重述，當易了解也。

第十五節　小學國語之理解深度

筆者之研究報告旣經發表，繼之而起者有龔君啓昌。龔君之研究範圍屬於小學三、四、五、六四個年級，每級十人。（上下兩班各五人），男女各半。其所用之讀物取之於中大實校自編之初中國文理解力測驗第一類中之寫景文一段，高級國語理解力測驗第一類中之敘事寫景兩文各一段，又別種測驗中所備之敘事說理兩文各一段。五段字數共約一千三百，所擬問題共二十個，以備學生之解答，龔君於討論結果之時，曾將敘事、寫景與說理三種不同之文體分別列表，以資比較。惟在筆者之意此舉似可不必，蓋五段之總字數不過千餘，而問題總數亦不過二十，所謂敘事、寫景、說理等文未見能代表一般之敘事、寫景、說理等文也。鄙見如是，故祇就其總結果而討論之。

表　3.03小學各級第一次國語閱讀之成績

級　　別	三　年　級		四　年　級		五　年　級		六　年　級	
成績類別	理解＊	速率＋	理解	速率	理解	速率	理解	速率
國語五段之成績	38.33	173	53.72	190	49.12	200	64.16	252

＊以百分數計＋每分鐘所讀字數

表上所列各數爲小學各級之理解速率兩成績。此種成績龔君未加

注意，筆者特表而出之，以爲可資比較。蓋就小學各級而求國語之閱讀速度，恐以龔君之研究爲第一次。此間所謂級別因其人數過少，似無比較之價值；然吾人觀之，亦可知其大概。就成績而言，四、五兩年級相差甚近，理解與速率皆然，多讀一年者幾無進步之表示。至三年級與四年級之間及五年級與六年級之間其相差則甚顯著。六年級之速率爲每分鐘二五二字，未免過高。因吾人之大規模測驗中，其初中一之速率不過二三四字。後者之可靠性旣甚大，則前者之過高有二原因焉：其一爲受試者人數過少，不足以代表一般之小學六年級；其二爲龔君所選爲一級中之前十名，故其成績較一般爲優。二者必居其一，或皆有之。

　　以少數優秀份子而代表一級在討論上旣成問題，故不如歸併三、四兩級爲中級，五六兩級爲高級，猶之筆者祇分初、高兩中是。

表3.09　　五次閱讀之平均成績

級　　　　別	中	級	高	級
成　績　類　別	理　解	速　率	理　解	速　率
五次平均成績	50.25	242	65.31	343
比　　　　率	1.0000	1.0000	1.3097	1.4174

　　觀此表，吾人即知兩級成績之差別實顯著。所謂中級是就三、四兩級之上、下兩期合併者，其合併後之程度似近於讀滿小學三學年者。又所謂高級是就五、六兩級之上，下兩期合併者，其合併後之程度似近於讀滿五年者。故兩者之差別實爲兩學年。而吾人上述初、高兩中之相隔則爲三學年。初中逐次成績進步之平均在文言爲百分之51.30，在白話爲百分之11.42。由此吾人得知文言進步之速，而白話進步則較緩。但此間所用材料雖爲白話，其相隔之程度雖祇兩年，而其逐次進步之平均則有百分之30.25之多。此益能證明白話之進步在初中並非遲緩，實學習曲線已臻上端，故呈平滑之狀態，此係就理解成績而言。至在速率方面，由中級以至高級亦有長足之進步；更非

初、高兩中所可比擬者。由初中以至高中其文言之速率不但毫無進步且有退步。此證之吾人之大規模測驗結果，益信高中文言之進步純在理解方面。至白話之速率初、高兩中相隔三學年，其進步尚有百分之 13.97，而在小學之中，高兩級其相隔雖祇兩學年，而其速率之增加則有百分之 40.59 之多。此無他，小學成績處學習曲線之下端也。

表 3.10　中高兩級逐次成績之比較

	理　　解　　力 (以百分計算)			速　　率 (每分鐘所讀字數)		
	中　級	高　級	高級高於中級之百分數	中　級	高　級	高級高於中級之百分數
第　一　次	46.02	56.46	23.12	182	226	24.18
第　二　次	51.68	63.56	22.99	231	317	37.23
第　三　次	51.16	66.32	29.63	257	356	38.52
第　四　次	52.02	70.33	35.20	267	393	47.19
第　五　次	50.38	70.69	40.31	274	427	55.84
			均數＝30.25			均數＝40.59

大致速率之進步至初中三或高中一卽達止境，似因生理限度停止也早，故在最初其進步也亦速。至理解之進步能溯高中而上，既抵高三似亦未達止境，其在最初之學習亦係循序漸進者，不似速率之猛增也。

表3.11　中高兩級成績進步之比較

	中　　　　級				高　　　　級			
	理　解		速　率		理　解		速　率	
	百分數	增加率	每分鐘所讀字數	增加率	百分數	增加率	每分鐘所讀字數	增加率
第　一　次	46.02	1.0000	182	1.0000	56.64	1.0000	226	1.0000
第　二　次	51.68	1.1230	231	1.2692	63.56	1.1222	317	1.4026
第　三　次	51.16	.9899	257	1.1126	66.32	1.0434	356	1.1230
第　四　次	52.02	1.0168	267	1.0389	70.33	1.0605	393	1.1039
第　五　次	50.38	.9685	274	1.0262	70.69	1.0051	427	1.0866
幾何均數		1.0287		1.1064		1.0557		1.1734

就中高兩級各自閱讀五次之進步而言，無論理解與速率，總以高

級進步之數量爲多。此與初、高兩中之閱讀情形相同。計理解之進步在小學中級爲 2.87%，在小學高級爲 5.57%，在初中爲 6.34%，在高中爲 9.95%；又速率之進步 在小學中級爲 10.64%，在小學高級爲 17.34%，在初中爲 18.71%，在高中爲 25.93%。在此閒小、中兩學所用之白話材料旣不相同，而各級相隔之距離又不相等，似難比較。然有三點吾人尙可就此材料作一歸納：其一爲經過五次之繼續閱讀，其進步隨年級而增。換言之，年級高而其五次閱讀之進步亦大。此中理由有可揣測者，卽所謂某級之成績實爲由多數人組成此級者之平均。在多數人之分配當然有優有劣。程度高者經過五次之閱讀其優者固蒸蒸日上，卽其劣者亦有相當之進步。至程度低者（如小學之中級）於五次閱讀之後，其優者增益甚多。自不待言；惟其劣者因根底之不佳實難進步，因此在計算平均成績之時，此程度低者之一級受其影響矣。其第二點吾人可歸納者爲經過五次之繼續閱讀，速率進步之百分數超過理解進步之百分數三倍，此種情形小學與中學皆然。此中理由亦有可揣測者，卽吾人於統計之時若發現初中學生有於一分鐘內平均閱讀八百字者，又在實驗之時曾見此種學生於能理解之處卽速爲通過，一轉瞬間閱讀數行矣。此種情形大致在第三次或第四次閱讀之時，因其時理解方面已不生困難也。此種事實惟速率有之，至理解成績在五次中除有一次增加甚多外，其他次仍循序而漸進，故在五次之平均結果中速率進步之百分數能超過理解進步之百分數矣。其第三點吾人可敘述者爲在理解方面無論小學或中學五次之中總以第二次之增加爲大，二次以後不足重輕。就吾人經驗所及，理解深度似可在第一、第二兩次閱讀中決定之。在個人成績中嘗有於第二次專注意理解而因此減少速率者。至第三次理解成績遂告停頓，而速率則猛增不已，就各級比較而言，中級在二次以後不但無甚進益，且退步焉。中級之程度旣祇近乎讀滿初小三年者，則處分配下端之兒童對於問題必有覺其甚難，而始終解答不出者，因此在四個答案之中必有猜選之趨勢，時正

時誤，其結果遂有三五兩次之退步。至在高級此種事實不可復見，猜擇答案之弊似可免除矣。又其速率之增加在第二次竟在百分之四十以上，同時理解亦有進益。閱讀成績在中、高二級之間可謂有長足之進展矣。中學速率之進步五次之中在高中爲第三次，在初中爲第四次。似高中至第二次、初中至第三次理解始不生困難。中學之白話材料爲小說一篇，長約一千七百字，問題數二十；以篇幅之長，問題之多，非聚精會神以赴之，不足以解答全部，因此中學閱讀速率之猛增較之小學爲緩矣。

　　討論至此，吾人對於中小學之閱讀情形似能銜接，而知其進步之大概。大致用龔君之材料從初小三年級下學期之末測起尙不生問題。就閱讀之進步而言，從初小三年級以至高中三年級其理解成績循序漸進，在三、四、五、六年級一段其進步較速，至初中一段稍緩，至高中一段更緩。至其速率在小學五、六年級與初中一年級似甚猛進，以後漸緩，至高中一年則停止矣。此就現在龔君與作者之兩研究而言，至欲窺全豹，當俟諸異日。

第四章　中學國文學習過程

第十六節　影響於誦習速率之諸因素

篇幅長度

　　根據筆者三十年來從事學習心理實驗之經驗：以爲有條件之背誦對於初學者大有裨益，甚且爲學習上最經濟之方法。唯須基於下述之二條件：一、文章必須適合程度，由淺入深。二、欲背誦某篇，必先了解其內容。如此則文章之篇幅長度與誦習速率爲必須研究之問題。實驗設計之程序爲選取自 六十四字 以至於 三百〇二字之文言 文若干篇，每日由被試者誦讀一篇；誦讀之前其內容先由敎者講解清楚，至於全篇了然。實驗開始，由主試取隨停錶，按被試者對於每篇誦讀之時間計之，至於背熟。如此，吾人對於每篇文章每誦讀一遍所需之時間均有詳盡之記載，夫然後可得篇幅長度與誦習速率之關係。

　　其始，筆者先以小兒國一爲實驗對象；選左傳某篇一八一字者爲材料，如前述而實驗之。開始需要之秒數多，將近背熟時所需之秒數漸少；由之而繪得一誦習速率曲線如下：

圖4.01　國一誦讀曲線
　　A：全篇字數
　　B：自始至終被試誦讀此篇所需秒數

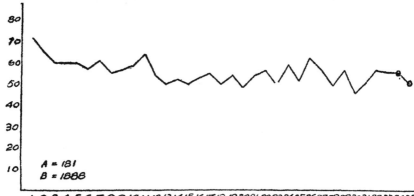

被試所讀遍數

　　自此曲線觀之：被試初讀此一百八十一字之文章需時七十餘秒，至第二次則降至六十五秒以下，愈讀所需之秒數愈下降。每讀五遍或十遍可休息十分鐘，視篇幅之長短而定。讀至相當遍數似覺成熟，即可試行背誦。倘背不甚熟，尚可再讀，此所以曲線下降偶復上升之故。右端之兩圓圈表示兩次背熟一字不錯。國一之背誦此篇，計讀三十四遍，用時一千八百八十一秒；斯時伊年九歲正讀小學五年級，因抗日軍興暫時輟學也。

　　正式之實驗全距（range）又行加大，文章字數自四十三字至五百八十四字不等。計舉行兩次，以資比較。統計時計算其每百字所需之秒數，並評定其等級。第一次所用材料爲二十二篇，第二次爲二十一篇。其表現可由下表中觀之。

表4.01　每篇字數與誦讀速率之關係（第一次）

摘項	上	平均	下	平均
字　數	八四 〇三 三一 一九 九四 〇六 六九 四一 一三 三七	三七五	六二 二四 四八 三〇 二三 二六 三五 一〇 〇〇 一九 九七	二〇八
每百字所需之秒數	三三 五〇 五二 五三 六八 七一 七七 七八 七一 八二 八九	六四八	八一 八三 八四 九七 〇六 一四 二七 二五 三五 五八 五九 八四	一七一
等　級	一 二 三 四 五 六 七 八 九 十一		一 二 三 四 五 六 七 八 九 〇 二 三	

表4.02　每篇字數與誦讀速率之關係（第二次）

摘項	上	平均	下	平均
字　數	四三 六六 〇九 一六 六三 二二 二一 一七 四一 三三 一九	一九	六八 五八 〇四 四七 四〇 二四 三九 一一 二四 四〇	二六六
每百字所需之秒數	二三 八六 五一 五三 六四 六五 七八 七五 七四 八〇 八六	六一三	八一 八二 八七 四六 〇〇 〇四 〇四 五三 五一 一三 二〇	一〇四
等　級	一 二 三 四 五 六 七 八 九 一一		二 三 四 五 六 七 八 九 〇 二三	

　　上述情形表示一種個別實驗。第一次二十二篇中依等級劃分爲上下兩半，而各求其字數與速率之平均。則在前者字數爲一三七點五，其每百字所需之秒數爲六百四十八，在後者其字數爲二〇八，其每百字所需之秒數爲一千一百七十一。第二次之前半之平均字數爲一一九、其每百字所需之秒數爲六百十三；而後半之平均字數爲二六六，其每百字所需秒數爲一千零二十四。如此，則背誦一篇一三八字之文章祇需時八百八十一秒，而背誦一篇二〇八字之文章則需時二千四百三十六秒。在字數方面後者多於前者不過百分之五十一；而在時間方面則後者多於前者竟達百分之一百七十六點五，殊不經濟也。此爲第一次實驗之情形，第二次亦復如是。

　　初學者對於誦讀雖有如此之情形，但經過數月之訓練後，篇幅雖予加長，時間容或依舊。易言之，卽字數與誦讀速率之關係或將不及如前之密切矣。此種情形可從下表中徵之。

表4.03　字數與誦習速率之等級相關

月　份	三月份	四月份	五月份	六月份	溫習期
ρ	0 69	0.82	0.52	0.24	0.34

　　上表係連續五次之實驗而求得字數與每百字所需秒數之等級相關。其中以四月份之等級相關爲最高，此後則逐漸減少，此爲吾人所應予注意者。是可知初學者誦習文言文時，如無其他因素之影響，則每篇之字數不宜過多；其字數以在一百三十五字左右者爲最宜，最多亦不得超過一百五十字。前述之第一次實驗中曾得字數超過百分之五十一，而時間將多耗百分之一百七十六點五之事實；此於初學者殊不經濟。但經過數月之練習後，其等級相關逐漸減低；此後篇幅略增，時間容或仍舊，不似如前之事倍功半矣。

文章內容

　　自前述觀之，誦習速率固與文章篇幅之長短有關，然容或亦有例外之情形，卽篇幅雖短，而誦習速率並未加增，此則必有其他之因素

存在而影響焉，就文章本身而言，能影響誦習速率者除篇幅長度之
外，文章之內容當爲研究之另一課題。吾人爰以實驗班初中一年級所
讀之文章用爲此項研究之材料。其中所選文章共計七篇，依字數之多
寡列如表4.04；然其所讀之遍數與所需之時間多寡並不相同。如「春
夜宴桃李園序」平均五十三遍，共需304.5秒，合50分46秒；以每
百字所需之時間計，則每百字需時爲2602.9秒，合43分23秒，爲
速度最低之一篇。至於篇幅最長之「馬說」用時1875.59秒，雖爲第
二；而平均遍數則列在第五。是長度與速率無關，應爲內容之問題。
閱讀遍數最少，速度最高者爲「陋室銘」，平均遍數17.3，用時539.2
秒，約合8分51秒。以字數與「春夜宴桃李園序」較，所差不及一
倍，然節省之時間則在五倍以上；且後者並未達於135字，篇幅非屬
過長者，所以致此之故厥爲內容不同耳。蓋「陋室銘」頗爲幽默，讀
者易生興趣，卽「不死之藥」亦係此因。而「春夜宴桃李園序」，「孔
子世家贊」，「曾文正公家書」之類，或以文章命意玄誕，或以道德氣
氛過於濃厚，學生對之不免索然乏味。至於「馬說」反而閱讀較速
者，則係因該篇中極多穿插，且馬爲兒童習見之動物，讀之易於了
解，故易發生興趣也。表4.04爲初讀各該篇之結果；吾人復以此材
料作保持能力之實驗，其結果使速率與文章內容之關係盆形明顯，當
於下章中備述之。

表4.04　文章內容與誦讀速率關係之一

篇　　　　名	字　數	背　誦　成　績　均　數		
		平均遍數	時　間(秒)	每　百　字所需秒數
陋　　室　　銘	81	17.3	539.2	665.6
六月十四日曾氏家書	105	26.7	1089.3	1037.5
不　死　之　藥	106	25.4	1063.8	1003.5
孔　子　世　家　贊	109	27.5	1343.3	1232.4
春夜宴桃李園序	117	53.0	3045.5	2602.9
七月十七日曾氏家書	124	18.0	897.02	723.4
馬　　　　　說	151	23.7	1875.57	1242.1

　　吾人爲證驗上述實驗之可靠性，復選「歧路亡羊」、「畫蛇添足」等八篇再度實驗，其結果益能明證文章內容確爲影響誦習速率因素之一。

表　4.05文章內容與誦習速率關係之二

篇　　　　名	字　　數	每百字所需秒數
歧　路　亡　羊	85	1046
畫　蛇　添　足	95	1262
甌　　　　喻	117	1149
衣　　　　紫	121	668
愛　　　　憎	144	1086
景公欲以人禮葬走狗	144	1476
記先夫人不殘花鳥	168	1384
馬氏女雷五葬志	149	1865

　　表 4.05 中 用時 最多者爲「馬氏女雷五葬志」，平均 每百字需時 1865 秒；該篇計 149 字，較之「記先夫人不殘花鳥」，一篇猶少。而字數最少之「歧路亡羊」其誦習速率尚不逮「衣紫」一篇。從此表之結果觀之，益知除篇幅長度外，文章內容之能影響誦習速率當屬無可置疑之事實。

文章之體式

　　除文章之篇幅及內容外，文體亦爲影響誦習速率因素之一。筆者嘗就高中二年級學生誦習散文、韻文各二篇，以比較其結果之異同而分析之。散文材料一爲柳子厚「晉文公問原守議」，一爲王介甫「原過」前者節選 164 字， 後者節選 169 字。 韻文材料一爲李白「將進酒」，計 176 字；一爲李白「長干行」，計 150 字。受試學生五人，平均每百字所需之秒數 散文爲 1100 秒 ，合 18 分 20 秒，韻文爲 535 秒，合 8 分 55 秒。韻文較散文節省之時間在一倍以上 。可知韻文對於小學或初中學生或無關係，然在高中學生其誦習速率與韻文者乃有若是之差異。此間所引用之材料雖嫌不多，然其影響則可概見矣。此項材料於「整讀與段讀之比較」一節中尚有詳細個別之記載，此間不

復贅列。基上簡單之分析，吾人可知至少對於國文已具基礎之學生，文體對於誦習速率確爲影響之一因素。

年齡影響。

　　記憶因年齡而有差異，此爲一研究既得之事實；而其影響於誦習速率者彌巨。就此吾人嘗設計以兒童與成年及兒童與老人分組實驗，以觀其差異而比較之。爰分述如下：

　　兒童與成人誦習速率之比較　在此實驗中參與受試之兒童及成人各爲六人，兒童爲實驗班初一學生，成人爲中大教育心理學部之研究助理，皆係大學畢業年在二十五歲左右者。實驗材料一爲「愛蓮說」，一爲「馬說」。實驗之結果：成人們需相當之遍數；但所用之時間則較兒童爲少。此蓋成人閱讀較爲流利之故，茲將兩組結果繪如圖 4.02、4.03 於下：

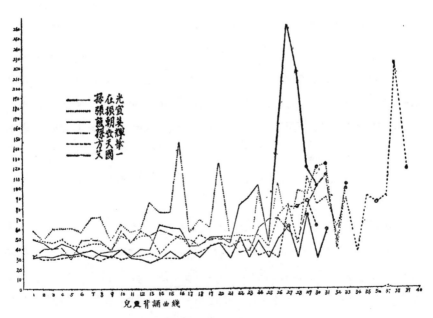

圖4.02　兒童背誦曲線

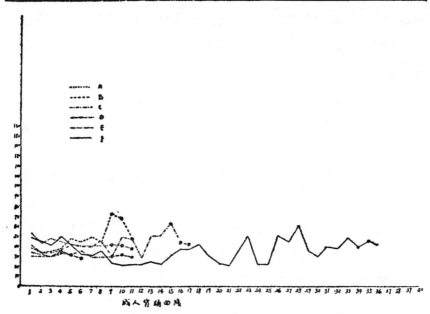

成人背誦曲線

圖4.03　成人背誦曲線

　　圖 4.02 及 4.03 中橫度爲誦習次數，縱度爲每次誦習所需之秒數。各人自開始誦習至於背熟，將歷次之成績記錄之；迄背熟三次，毫無錯誤而後止。在兒童誦習曲線中六人開始之速率相去甚近，然逐漸則相差懸殊，尤以時間爲甚。觀夫曲線之互昇互降，可以明矣。背誦一次用時最少者爲二十五秒，艾生於誦習十三次時爲此數；用時最多者爲二百六十二秒，熊生於第二十七次時爲此數。兩者相較相差竟達十倍。在成人誦習曲線中最低者爲二十一秒；最高者爲七十三秒，相差約二倍有半。

　　以兒童誦習之成績與成人者比較：在誦習次數方面，兒童最少者三十次，最多者三十九次；成人最少者六次，最多者三十六次。是組內之差異較大，而組間之差異反不如此之甚。在誦習所需時間方面，兒童用時最少者二十五秒，最多者二百二十六秒；成人用時最少者二十一秒，最多者七十三秒。是組間之差異頗大，而組內之差異尤甚也。

　　吾人復就「孟子原泉章」、「孔子世家贊」等五篇使兒童與成人誦習之，以比較其結果。其中之一、二篇雖有少數成人曾於幼時讀過，然重讀之，仍需相當時間。茲將其閱讀遍數，背熟秒數及每百字所需之秒數列如表 4.06 用供比較分析。

表4.06　兒童與成人誦習時間之比較

篇　　　名	閱　讀　遍　數		背　熟　秒　數		每百字所需秒數	
	兒　童	成　人	兒　童	成　人	兒　童	成　人
孟 子 原 泉 章	27.7	8.4	1023	190	1278.8	237.5
孔 子 世 家 贊	27.5	9.2	1343.3	275.2	1232.4	252.5
曾文正公家書	26.7	11.4	1089.3	302.8	1037.5	288.4
陋　室　銘	17.3	7.0	539.2	139.3	665.6	172.0
不 死 之 藥	25.4	11.3	1063.8	299.5	1003.5	282.5
平　　　均	24.92	9.46	1011.72	241.36	1043.56	246.58

　　表 4.06 中兒童平均閱讀之遍數兒童為 24.92；成人為 9.46，兒童約為成人之 2.63 倍。背熟秒數兒童為 1011.72；成人為 241.36，兒童約為成人之 4.19 倍。兒童誦習速率每百字需時 1043.56 秒，合 17 分 23秒；成人則為 246.58秒，合 4 分 6 秒。是兒童誦習之遍數雖不及成人之三倍，然其所需之時間則較成人多出四倍。由是知成人熟讀一文，尚需相當遍數；但因其閱讀流利，故節省時間較多。

　　兒童與老人誦習速率之比較　　兒童與老人在誦習速率上差異若何？吾人於此亦實驗之。顧此實驗行之頗感不易，蓋受試不易選擇故也。著者以「齊大非偶」一篇自與小兒國一比較，而繪得誦習曲線如圖 4.04。此項資料固不足範示兩者之差異，然亦為一客觀之事實。倘能多方選取受試實驗之，則必能獲一結論也。

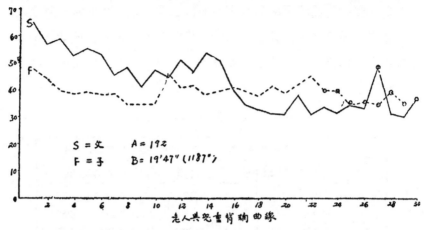

圖4.04　老人與兒童背誦曲線（父子曲線）

　　開始時著者以四十八秒讀畢第一次，國一則以六十五秒，讀畢
之。著者於二十三次開始背熟，至第二十九次每次皆無錯誤。國一則
於第二十七次開始背熟，二十八、二十九兩次仍有錯誤，迄第三十次
方始背熟無誤。在前十六次中著者每次所用時間皆少於國一，十六次
以後則略有參差。就此曲線觀之，老人之誦習速率皆不減於兒童，唯
此僅爲個案之研究，未便以爲定論。

　　綜上四項，可得結論如下：

　　（一）文章之篇幅影響於誦習速率者最巨。

　　（二）文章內容亦爲影響誦習速率因素之一，此與學習之興趣有
關。

　　（三）文章體式之爲散爲韻亦能影響誦習速率，此因學習之方法
及習慣所致。

　　（四）年齡使誦習速率發生差異，唯組間之差異尚不若組內差異
之爲甚。

第十七節　精讀與略讀之實驗成績

　　精讀與略讀之字數比較　國文教學大致分精讀及略讀二種。精讀

係需要背誦之文章，惟在背誦之前須被內容完全了解；背誦之後更須
經常複習，以便永久保持。玆以中大實驗班爲例，比較其精讀與略讀
之字數。惟此實驗班之學生多係來自中大敎育學院所附設之小學。而
在該小學中依著者十五年從事文白比較實驗之結果，以爲自五年級始
可以略授文言，故一部學生於文言之學習已有相當經驗，雖自初一下
期完全講授文言文，亦無感覺困難之現象。

表4.07	初一下精讀略讀字數統計表					
學	月	一	二	三	四	全學期
精	篇數	6	4	6	4	20
讀	字數	899	914	1216	769	3708
略	篇數	3	5	5	7	20
讀	字數	710	1440	2837	2324	7311

表4.08	初二上精讀略讀字數統計表					
學	月	一	二	三	四	全學期
精	篇數	3	3	3	4	13
讀	字數	653	736	1090	821	3300
略	篇數	5	6	7	6	24
讀	字數	2192	3207	3843	1741	10933

　　表 4.07 與 4.08 爲初一下及初二上精讀、略讀之統計。初一下精、
略兩讀各爲二十篇，而略讀之字數較多。初二上精讀十三篇、略讀廿
四篇，較初一下之略讀成分尤多。此現象出諸偶然，未曾予以控制。
又因略讀不須背誦，對篇幅之長度亦未作過精細之選擇，故其字數之
多寡頗有參差；惟略讀較精讀爲多，是兩學期完全相同者。

　　試在以其他各級觀之，見表 4.09：自初三上至高三下精、略兩讀
字數所佔全體字數之百分比——初三上各爲 54 ％與 46 ％，精讀多於
略讀 8 ％；初三下精讀 9 ％，略讀 10 ％；兩者相差甚巨，且該期精
讀之字數亦爲各期之冠。以一學期之時間令學生背誦如許多之文章，
乃係未加控制之情形。蓋該期所敎如「鳴機夜課圖記」：僅此一篇卽
有 1207 字，其精讀雖如此計算；實際背誦者當無如此之多，故不足
爲例。（註）而高一上、下及高二上期精讀所佔之成分較少；高二下
期及高三上期精讀之成分較多，以字數計之，較高一下及高二上多，

註：講授內容由敎員決定。初三下所選白話文特多，此期中所謂精讀未必全係背誦者。
著者就記憶所及特爲附誌。

然較高一上則少。　高三下期精讀最少，略讀亦不多；　恐係因行將畢業，學期較短，且準備升學，致使國文教學減少。

表4.09　精讀與略讀字數統計表

年　　級		初三上	初三下	高一上	高一下	高二上	高二下	高三上	高三下
精	篇　數	13	24	17	9	3	13	8	5
讀	字　數	12582	13360	7045	4335	3576	6110	5121	2362
略	篇　數	4	2	16	8		4	3	8
讀	字　數	10545	1397	10739	15722	10030	5149	4968	5887
所佔百分全數	精　讀	.54	.90	.39	.21	.26	.54	.51	.29
	略　讀	.46	.10	.61	.79	.74	.46	.49	.71

據上統計：每學期除考試及例假外，以上課十六週計，則每週平均背誦之字數除初三上、下外，最少者224字，爲高二上期；其次爲初一下期，242字；較多者爲高一上期，440字；其次爲高三上期，420字。以每期與其上一期比較，初二上期減少40字；高一上下及高二下期皆較減少；高二下期及高三上期又復增加，如表4.10。

表4.10　各年級精讀字數統計

年　　級			學期所讀字數	平均每週背誦字數	與上學期之比較	
					增　　加	減　　少
初	一	下	3708	242		
初	二	上	3330	202		40
初	三	上	12582	768	566	
初	三	下	13360	837	69	
高	一	上	7045	440		397
高	一	下	4335	271		169
高	二	上	3576	224		47
高	二	下	6110	382	158	
高	三	上	5121	420	38	
高	三	下	2362	169*		251

* 高三下以十四週計算

　以背誦之實驗結果與此表計之：熟讀一篇一百三十五字之文章需時不過一刻鐘；熟讀兩篇亦不過三十分鐘；即在二百至二百五十字一篇之文章背誦之亦僅在一小時左右；則除初三上、下兩期外，學生於國文無須多事準備，即可不用晚間自修之時間，其作業不致過份緊張。由是知初中一年級之學生爲遵循背誦原則，精讀字數應有限制。且學生甫自小學畢業，閱讀能力猶低，略讀亦難於過多。二年級後文學已有相當基礎，精讀與略讀俱可增加。至於高中理解力漸強，略讀尤須加多；且在適合學生能力之情況中不致增加學生之負擔。

　精讀與略讀之實驗　此項實驗係比較精、略兩讀之效果，且用以斷定略讀是否有益。實驗前後共作三次，自初二下期至初三下期；每次皆係將上學期所讀之國文無論精、略依月次分別實驗，若第一學月、第二學月等。實驗之題目係自每篇之中選出四言詞句十四個，每詞句空出一字令學生填寫；所空之字或在第二、或在第三、第四不拘。試驗時分二次行之：首次測驗僅有單數詞句；二次測驗單雙詞句同時完成，二次測驗中之單數詞句即爲首次測驗所用者。學生於作畢首次測驗繳卷後，使其溫習含有各測驗之材料。此取材之比例爲精讀三篇，計十題；略讀五篇，計十九題。二十分鐘後令學生作二次測驗，因其中單數題曾於首次測驗中作過，故不僅可知其保持能力，且可知溫習後之成績恢復狀況。此首、次兩測驗前後共用一小時，每週一次；每次測驗之材料爲前一學期一學月所學者，連續四週，即可測完一學期之材料。初二下如此，初三上下亦復相同。

　茲將自初二下期至初三下期依學月而作之首、次兩測驗繪圖表示如下。圖4.05爲首次測驗（單數）；圖4.06爲二次測驗（單數）圖4.07爲二次測驗（雙數）。爰將圖例約略說明於次：

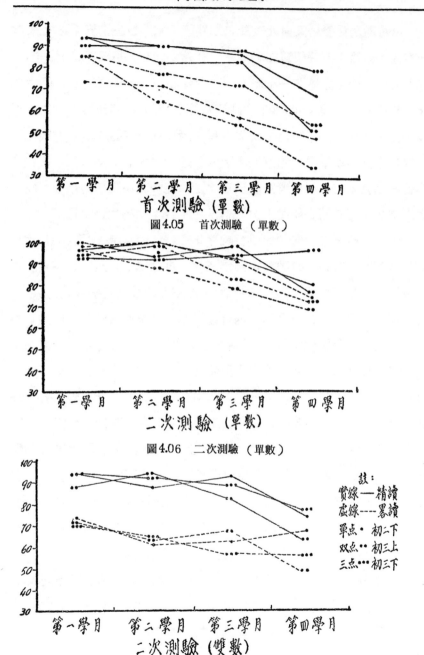

圖4.05　首次測驗（單數）

圖4.06　二次測驗（單數）

圖4.07　二次測驗（雙數）

　　從圖 4.05 觀之：以學月爲單位而測驗四次，則無論初二下、初三上及初三下，其精、略兩讀咸以第一學月者爲優，其中僅初三下期精讀之第二、第三學月略高於第一學月；如以精、略兩讀比較，則精讀均優於略讀。

　　二次測驗如圖 4.06 所示：無論精讀或略讀，均有顯著之進步；其中略讀方面之進步尤多，初三之略讀較精讀所增竟達一倍左右。此種原因想係精讀之注意略減，而略讀材料之復現，易促使學者之注意也。蓋二次測驗之材料如首次皆爲單數而爲學者所熟悉者也。

　　而二次測驗中之雙數題則如圖 4.07 所示，又復與首次測驗者略同。雖然年級及精，略與前互有出入，而其精讀優於略讀與前則無二致。此係材料生疏，誦習情境與前相同之故也。

　　爲比較便利計，復將上述實驗情形依誦習之百分數列如下表：

表4.11　　初二下至初三下精讀略讀實驗成績比較表

年　級	初	二	下	初	三	上	初	三	下
測驗次數	首　次	二次單	二次雙	首　次	二次單	二次雙	首　次	二次單	二次雙
精　讀	85.49	97.00	87.16	78.22	92.57	86.57	87.00	93.55	88.05
略　讀	63.44	83.83	66.05	59.99	83.52	67.79	72.42	86.64	62.07

註：表中成績以百分數計算

　　本實驗結果足證精讀成績優於略讀。其原因當係精讀之材料曾經熟讀而熟讀之材料保持較多，然二次測驗中無論單雙題皆以略讀進步者多，其原因或係成績優者進步少，成績劣者則易於進步；且其成績愈近乎止境者進步愈少，揆諸常理，實無不同。至略讀之材料雖較生疏，但一經溫習，卽能迅速恢復，且恢復者頗多。

　　表 4.11 所示：二次測驗之雙數題雖較首次之成績爲佳；然遜於二次測驗之單數題則遠甚。推其原因，約有二種：其一，二次測驗之單數題曾於首次練習，經過一次測驗，印象加深，於溫習時，自易特加注意；該學生皆欲知其答案之對否，必詳覽之以便對證，是以凡存

於其記憶中之問題當無有不閱者。至双數題則因其未曾作過，卽使在溫習之時間亦無使其特加注意之因素，以致有關之材料難免疏忽；故於解答時前者成績優於後者。其二，此次溫習之時間僅二十分鐘，而篇幅頗多；其時間匆促，無暇詳覽，亦其一因。顧此實驗中尚有數事應行申述者：其一爲測驗選材中有「觸讋說趙太后」一篇，曾經敎學二次，故該篇題目之成績在第二次測驗中較首次甚優。另一爲塡充之詞句答案雖與原文不同，然意義則極爲完善，且語氣通順不減原句。若「舟行可至」之「至」塡爲達而爲「舟行可達」；「深山幽林」塡爲「深山幽谷」；「與民共樂」塡爲「與民同樂」；「山高水淸」塡爲」山高水深」；「高山大陵」塡爲「高山大嶺」；「中道崩殂」塡爲「中道崩潰」；「振古以來」之「振」塡爲「亙」或「自」等；而此等答案自應予以應得之分數。由是吾人可得結論如下：

(一)精讀頗爲重要，材料有精讀之必要者應予精讀；而所謂有精讀之必要者卽文章具有價値，適合學生程度，且能引起學生興趣者。

(二)精讀材料之多寡應適於學生之程度；以不需過多之準備時間爲限，以免增加學生之負擔。

(三)略讀亦不可少，惟用爲略讀之材料於讀後之各學期應從事溫習；且溫習之時間必須充分。

(四)略讀材料於學生閱讀能力提高後亦應逐漸增加，以培養學生自動學習之能力。

(五)無論精讀抑略讀，初學抑複習，敎者必擬題發問令學生解答，以使其有積極反應之趨勢。

第十八節　整讀與斷讀之比較

　　整讀與段讀之誦習時間　學生背誦國文或以整讀爲速，或以段讀爲速，二者孰是？吾人亟欲獲一正確答案。故於中大實驗班中復以

高、初中各班學生從事此項實驗。實驗始於初中一年級，目的爲在控制之情境中比較學生誦習每篇二百字以上之文言文以整讀及段讀方法在誦習速度及保持分量中之差異。誦習材料選自虞初新志，取其冷僻而不致爲受試所預習者；且選取同一作者之作品，使其難度相同。此次所用者爲陳鼎之「雌雄兒傳」，節錄二百三十八字；及「薜衣道人傳」，節錄二百三十一字。受試者爲一年級生十二人，後有二人因故未能參加，而僅餘十人。學習期間在三十二年六月二日至七月五日；保持實驗於學習後一月及四月時各行一次。實驗時分受試爲二組，分別輪流整讀及段讀，所誦習之材料均在課內學習：學習時首令受試朗讀全文，遇有不能讀出之字，則由主試告以字音。此次朗讀不計時間，其後誦讀隨時矯正字音，惟不予解釋。茲將首次之學習實驗經過分述於下：

實驗指導語：

「過去你們讀一篇文章，你們不知道要多少遍才能夠讀熟；往往讀了幾遍就丟下來，所以浪費了許多的時間，現在我告訴你們一個好的讀書方法，使你們知道一篇多少字的文章需要讀多少遍就可以讀熟。以後你們讀書的時候就有了把握，不至於多浪費時間了。

做這個測驗的時候先要仔細地閱讀，一遍一遍地讀下去，快慢要照你們平常的樣子。等到將要讀熟了，再慢慢地離開書本背誦。若有背不出的，趕快看一看書，不要就誤時間。你們這樣讀着，一直到能夠把全篇背出，就不必看書；能夠背三遍，就可以停止了。此後每讀十遍，休息五分鐘。若字數在一百五十以下，也可讀十五遍再休息。」

保持能力之實驗用默寫法，計算默寫字數之百分數而比較之。實驗結果全體法（卽整讀）每百字所需之秒數最少者 811 秒，最多者 3929 秒，平均爲 1806 秒，合 30 分 6 秒；部分法（卽段讀）每百字所需秒數最少者 723 秒，最多者 4263 秒，平均爲 1534 秒，合 25 分 4 秒。

　　在本實驗所分甲、乙兩組人數中甲組六人，乙組四人，因退出之二人原在乙組故也。先受試之六人中有五人無論整讀或段讀均係後一次需時較先一次爲少，推其原因應有二端：其一，兩段背誦材料相似性過大，故轉移量亦多。其二，先受試者對後受試者有所說明或指導。至若在後受試之四人中有三人均爲整讀較段讀需時少，似與先六人之結果相反；則是第一篇之難度或較第二篇爲大。其中胡建中一生以整讀法背誦第二篇時較其以段讀法背誦第一篇需時長過二倍半，此種差異恐非全由於誦讀方法之不同而係受試者心理狀態之影響。觀此實驗結果：兩項總平均係段讀需時較少；但就各人之成績觀之，則整讀、段讀孰優孰劣誠因人而異，殊少明顯一致之傾向，其結果如下表。

表　4.12　一年級背誦實驗整讀段讀比較表

受　試　者	每　百　字　所　需　秒　數	
	全　體　法	部　分　法
方　天　倪	1117	723
方　天　覺	1349	875
沈　士　淸	811	1242
沈　士　華	1393	904
馬　美　森	3929	4263
馬　寶　森	3091	2272
何　鳳　生	970	1091
童　若　華	994	1042
顧　諟　明	1427	1777
胡　建　中	2923	1147
平　　均	1806	1534

　　上述爲初中一年級學生整讀與段讀之比較結果。茲試再比較初中三年級整讀與段讀之實驗結果如何？初三之實驗共作三次，第一次實驗材料爲「學問與遊歷」，全篇四百四十字；受試六人，三人用整讀

註：該生對於一般學習習慣似不甚佳，因此，在南開時不能升學。

法。三人用段讀法，結果平均時間整讀爲 4999.6 秒，段讀爲 3215.3 秒；每百字所需之秒數整讀爲 1136.2 秒，段讀爲 370.7 秒，段讀用時較少。第二次實驗材料爲「巴律西」，全篇三百零七字。整讀三人平均，2455.3 秒；段讀三人平均 1669 秒。每百字所需之時間整讀爲 799.7 秒；段讀爲 543.6 秒，仍係段讀用時較少。第三次實驗材料爲「送東陽馬生序」，全篇五百零九字。整讀平均爲 6681.6 秒；段讀爲 4135 秒。每百字所需之時間整讀爲 1312.7 秒；段讀爲 812.3 秒，仍爲段讀用時較少。由此次實驗觀之：則是段讀較整讀之速率大；且就個人之成績觀之，以每百字所用之時間加以比較，仍爲段讀較速。

　　就高中一年級整讀段讀實驗之結果言之：此次實驗共有四篇材料。第一篇爲「淸多爾袞致明閣部史可法書」，全篇七百三十四字。受試六人，分爲兩組，整讀三人，段讀三人。實驗之結果整讀三人平均爲 1107 秒；段讀爲 1072 秒，以段讀需時較少。第二篇爲「指南錄後序」，全篇七百二十六字。受試七人，三人整讀，四人段讀。整讀平均爲 815.33；段讀平均爲 1266.75，則以整讀用時較少。但在段讀之四人中有一生背誦最慢，用時爲其他三人之四倍，對於總平均之時間影響極大；倘段讀中僅有其他三人，結果將與此相反。第三篇爲「邱希範與陳伯之書」，全篇五百六十七字。第四篇爲「原君」，全篇八百四十八字。此兩篇之受試原各爲六人，分成兩組；其後因有一人之成績作廢，人數太少，難得可靠之比較，故以二次合併計之，每種各有五人。平均時間整讀爲 1157 秒；段讀爲 1141 秒，段讀用時略少。綜此實驗結果，僅第二篇如上所述，以整讀用時較少外，餘皆以段讀之速率較大。此實驗包括初一、初三及高一三年級，受試自五人至十人，長度自三百字至八百字。其結果如以個人成績言：初一及高一整讀與段讀之速率孰大？頗難斷言。如自平均成績而言，則以段讀較速；初中三則無論個人或全體平均，皆以段讀爲優。吾人如以該三級所讀之字數區別之，初一之實驗材料未超過二百五十字；初三之實

驗材料在三百與五百字左右；高一各篇皆在五百五十字以上，而在高一倘學生程度較爲整齊，個人之情形得有一致之結果，則可下一斷語云：『誦習之材料在三百字之上者以段讀爲佳。』證諸經驗，洵非虛語。

　　上述係僅就誦習方法之爲整爲段而比較其速率之小大，至於文章內容或體裁對於整讀，段讀之速率有無影響？著者亦曾以散文，韻文爲材料實驗而比較之。此實驗行於初中二及高中二年級，其目的在初中二年級爲比較學生在通常之學習情境中誦習一百五十字左右之文言文，其體裁之爲散爲韻在學習速度及保持分量上之差異；且用以比較整讀、段讀在誦習散文韻文時學習速度及保持分量之差異。實驗材料一爲「感士不遇賦序」，全篇一百五十二字；一爲「歸去來辭序」，全篇一百四十四字，兩篇均爲散文。另一爲「詠荆軻」，計一百五十字；一爲「桃花源詩」，計一百六十字，此兩篇均爲韻文。四篇皆係陶淵明所作，取其難度相同。受試學生十人，結果如下：

表4.13　初中二年級散文韻文中整讀段讀之比較

受　　試	散　　文		韻　　文	
	整　　讀	段　　讀	整　　讀	段　　讀
A	885	1380	1825	1753
B	575	649	885	1256
C	468	769	1535	1923
D	439	648	283	821
E	378	678	303	741
F	2517	2228	2939	1459
G	2716	1921	1230	935
H	1027	1630	2443	847
I	1739	1167	1991	647
J	2262	829	1753	518
平　　均	1241	1190	1519	1090
	1216		1305	

註：上列時間以平均每百字所需秒數計算

　　上表所示：無論散文或韵文　整讀或段讀，個人成績難分孰優孰劣。在平均時間中散文整讀 1241 秒；段讀 1190 秒，韵文整讀 1519 秒，段讀 1090秒，兩者皆爲段讀用時較少。若以文體比較，散文 1216 秒，合 20 分 16 秒；韵文 1305 秒，合 21 分 45 秒，以散文需時較少。

　　高中二年級實驗之目的在比較高中學生於通常之學習情況中誦習短篇文言文時文體之散、韵在學習速度上之差異；且用以比較整讀、段讀在散文、韵文之學習速度上之差異，實驗之材料散文一爲柳子厚「晋文公問原守議」，節選一百六十四字；一爲王介甫「原過」，節選一百六十九字。韵文一爲李白「將進酒」，計一百七十六字；一爲李白「長干行」，計一百五十字。受試學生六人，分爲兩組；用輪組法，誦習之順序爲韵、散、散、韵，誦習材料均在課內學習。實驗之結果如下：

表4.14　高中二年級散文韵文整讀段讀比較表

受　　試	散　　文		韵　　文	
	整　讀	段　讀	整　讀	段　讀
甲	554	1218	…	…
乙	2649	1925	1020	777
丙	1996	766	794	565
丁	379	486	336	298
戊	598	684	289	484
己	860	660	348	435
平　均	1173	990	557	512
	1082		535	

註：時間以平均每百字所需之秒數計算

　　上表中整讀與段讀之結果：個人仍無一致之表現；但散文與韵文則有極顯著之區別。以時間言，散文平均整讀每百字需1173秒，段讀需990秒；韵文整讀557秒，段讀512秒，兩者皆以段讀用時較

少。如以散文與韻文比較，散文每百字平均需 1082 秒，合 16 分 2
秒；韻文 535 秒，合 8 分 55 秒，兩者相差將及一倍。以此與初二比
較，初二之韻文多於散文 1 分 29 秒，高二之韻文少於散文 7 分 2
秒；兩者結果相反，且相差頗夥。究其原因，一則為篇幅長度之影響
因高二之選材皆在一百五十字左右，長度與初二所用者略同，以初一
學生背誦長一百五十字之文章尚無問題，況為高二耶？自能優為之而
勝於初二也。另一則為學生興趣之影響以高二學生讀「將進酒」、「長
干行」等，其興趣自較初二學生讀「詠荊軻」、「桃花源詩」等為佳。

　　整讀與段讀保持效率之比較　整讀與段讀之誦習速度已如上述；
至其保持效率於此亦將有以說明。

　　此保持效率之實驗係在誦習速率實驗之後四月所舉行者，其目的
在比較學生學習文言文其整讀，段讀在保持分量上之差異。受試學生
為初一學生八人及高一學生五人，所用之材料卽前誦習速度實驗中之
「雌雌兒傳」及「薛衣道人傳」。實驗用默讀方法，默讀之前以重學
法使學生複習之，以計算其節省時間之百分比；默寫之後計算默出字
數之百分數。學習時之說明如前述之實驗指導語。

表4,15　一年級學生整讀段讀之保持效率比較表

受　　試	保　持　分　量　(以節省時間之百分數計算)		
	整　　讀	段　　讀	差　　異
A	88.20	90.25	−2.05
B	79.29	84.50	−5.21
C	80.45	87.59	−7.14
D	71.02	91.95	−20.93
E	90.53	83.14	−7.39
F	69.26	69.62	−0.36
G	66.98	47.94	19.04
H	92.14	94.47	−2.33
平　　均	79.73	81.18	−1.45

　　表 4.15 中除 E、G 二生整讀之保持效率優於段讀外，其他諸生

皆為段讀優於整讀。此處以複習時節省時間之百分數計之；換言之，即 A 生在整讀中節省之時間為 88.20%，在段讀中節省之時間為 90.25%，自整讀節省之時間中減去段讀節省之時間，即為差異欄中之—2.05%，此即表明 A 生整讀較段讀少省 2.05% 或多費 2.05% 之時間。B 生整讀節省 79.29%，段讀節省 84.50% 之時間，即整讀較段讀多用 5.21% 之時間。八生平均整讀節省為 79.73%，段讀節省為 81.18%，段讀較整讀多省，1.45% 之時間。二者相差雖甚微；然此足證段讀較整讀之保持效率為大。若以各生默出字數之百分數計之，結果如下：

表4.16　初中一年級學生整讀段讀之保持效率比較表

受　　試	保　持　分　量　（以默出字數之百分數計算）		
	整　　讀	段　　讀	差　　異
A	94.54	92.64	1.90
B	73.95	81.82	—7.87
C	5.88	1.73	4.15
D	84.03	93.51	—9.48
E	86.55	30.30	56.25
F	39.39	16.81	22.58
G	1.73	11.34	—9.61
H	98.27	97.90	—0.37
平　　均	60.54	53.25	7.29

表 4.16 中除 B、D 二生默出字數之百分數段讀高於整讀外，其餘皆整讀高於段讀。如 A 生整讀默出 94.54% 字，段讀默出 92.64% 字，整讀較段讀所默多 1.90% 字；B 生整讀默出 73.95% 字，段讀默出 81.82% 字，整讀較段讀所默少 7.87%。各生之平均整讀為 60.54%，段讀為 53.25%，整讀高於段讀 7.29%；以此表與 4.14 比較，兩者似不相合，然彼此並不衝突。蓋表 4.14 係就誦習時與初學所節省之時間統計者，其單位為時間；而表 4.15 乃就默出字數之百分數統計

者，單位爲默出字數之百分數。且在誦習時係就四月前所學之材料溫習之，溫習時僅爲背誦，而無默寫練習，致默寫時記憶不清之字即不能默出。表 4.16 中整讀之誦習需時較多，而默出之成績較佳；段讀之誦習需時較少，而默出之成績較劣，兩者蓋互爲因果焉。

　　而高中一年級整段讀保持效率之比較實驗之材料亦係前誦習速度實驗之「原君」及「邱希範致陳伯之書」二篇，實驗方法仍爲默寫，結果如下：

表4.17　高中一年級學生整讀段讀保持效率比較表

受　　　試	整　　　讀		段　　　讀		保持量差異
	保持百分數	經過日數	保持百分數	經過日數	
甲	16.75	49	31.60	31	−14.85
乙	41.45	62	55.31	43	−13.85
丙	39.15	62	32.67	43	5.48
丁	24.65	56	60.49	75	−85.84
戊	19.93	48	6.53	75	13.40
平　　　均	28.39	55.4	37.52	53.4	−9.13

　　上表之實驗中受試學生五人，自學習至保持實驗所經之日數人各不同。若甲生整讀經四十九日，段讀經三十一日；乙、丙二生整讀經六十二日，段讀經四十三日。保持之百分數甲生整讀爲 16.75，段讀爲 31.60；乙生整讀爲 41.45，段讀爲 55.31。保持量之差異甲生爲−14.85，即整讀較段讀所保持者少 14.85％；乙生之差異數爲−13.85，即整讀較段讀所保持者少 13.85％。五人平均保持量整讀爲 28.39％，經 55.4 日；段讀爲 37.52％，經 53.4 日。保持量之差異 −9.13，即整讀少於段讀 9.13％，以段讀之成績爲佳。綜上述實驗，有數事可供吾人參考者。

　　　　(一)中學生誦習文言文，其長度在三百字以下者，整讀與段讀無甚區別；如其長度在三百字之上，以段讀之成績優於整讀。

(二)文體如有散文，韻文之別，在誦習中倘韻文爲學生所喜者，則其**成績較優**。

(三)初一學生在誦習時間上段讀較整讀需時較少；在默寫字數之百分數上則以整讀之**成績較段讀爲高**。

(四)高一學生在保持效率上韻文優於散文；如以整讀與段讀比較，則以段讀之**成績較高**。

第五章　　中學國文學習過程（續）

第十九節　　國文興趣之分析

　　吾人常聞學生云：『吾於是篇讀物殊感興趣。』或『吾殊不喜斯篇。』因其於讀物有愛憎之異，致其學習亦有優劣之別。感興趣者學習易而成績佳，不待敎師督促，卽自動學習之；不感興趣者則反是。故於學習過程中興趣爲一主要之因素，任敎者固曾殫精竭慮，以謀引起學生興趣，而使敎學效率增加。惟學生對敎學之興趣雖因敎學技術之高妙而提高；但如敎材未能適合學生之好尚，則縱使敎法優良，亦難得較高之興趣表現。故敎材之內容與學生之興趣極有關係，此爲吾人所承認而勿庸贅述其理由者。惟何種讀物最使兒童發生興趣？則爲吾人應行研究之問題。著者過去曾以小學兒童爲對象，研究其對讀物興趣之區別。結果兒童對於驚異及生動之故事如「報國報恩」，「刮骨療毒」，「魯續孫縹流記」，「福爾摩斯」等最感興趣；而對於靜的敘述之文章如「春曉」，「身體怎樣保護」等則極無興趣。此項硏究曾載於拙著閱讀心理國語問題一書中，此處不再多叙。

　　中學生之於讀物之興趣與小學生是否相同？在未得實驗結果之前吾人未便斷言。蓋中學生年齡較長，在發展之過程中已由兒童期入於靑年期，身心皆起變化，對於讀物之興趣或將改變。爲解答證實此問題，著者復以中學生爲對象，考察其對讀物之興趣。實驗之手續採兩種方式：其一用投票法令學生依興趣高低對讀物予以等級之評判；另一則由學生背誦之成績確定其興趣之高低。

　　學生對於讀物興趣之評判。以實驗班初中二年上期學生七人爲對象，使在每一學月過去後對國文作興趣投票。每一學生對其所讀之國文依其興趣之高低分別予以等第，最感興趣者列入第一，次感興趣者列入第二，以此類推，其最無興趣者列在最末。但因結果各生之興趣不盡相同，只得求其平均等第以爲代表。此種實驗在人數多時可以求

得興趣之相關，著者曩昔所得之係數極大。人少時可看其分佈之情形以爲評斷。如其次數密集一處，當是大家興趣一致；倘其次數分散太遠，則是興趣不同，在此次投票之實驗中各生共同認爲感覺興趣者其等第必在最先一、二、三等之間；如其不感興趣，當在最末一、二、三等之間。依此結果可以選擇有決定性之國文敎材，學生感覺興趣者多行採用；否則逐行刪除。因如此可使所選之敎材能適合學生之心理，對於敎學之效果當能因之增加。茲將其一部份實驗材料列表如下：

初二上期國文興趣等第表

表 5.01　第一學月

作者	篇名	一	二	三	四	五	六	七	八	平均等第
林嗣環	口技	2	2	1	1		1			2.7
宋　濂	人虎說	2	2	1		1	1			2.9
柳宗元	捕蛇說	1	1	2	3					3.0
宋　濂	猿說	1		3		2	2			3.7
方　苞	左仁傳		2		1			3	1	5.3
同　上	記蠆				1	2	3	1		5.6
同　上	莊辛說楚王	1				1	1	2	2	6.0
同　上	明禹州兵備道李公城守死事狀				1	1		1	4	6.9

表 5.02　第二學月

作者	篇名	一	二	三	四	五	六	七	八	九	平均等第
諸葛亮	前出師表	2	2		1	1			1		3.3
蘇子瞻	方山子傳	2	2			1	1	1			3.4
戰國策	陳軫爲齊說昭陽		1	2	1	1	1	1			4.3
陶淵明	歸去來辭	2	1		1			1	2		4.4
淳于髡	說齊王止伐魏			3	2	1		1			5.7
蘇子由	六國論	1	1	1				2	2		5.7
歐陽修	豐樂亭記			2	1	1			2	2	5.9
戰國策	觸讋說趙太后			1		1	2	2		1	6.1
同　上	陳軫說楚王無絕齊交			1			2	1	1	2	6.9

表 5.03　第三學月

作者	篇名	一	二	三	四	五	六	七	八	九	十	平均等第
蘇子瞻	後赤壁賦	3	2	1		1						2.1
崔子玉	座右銘	1	3			1	1				1	4.0
王介甫	傷仲永		1	1	3		1	1				4.3
蘇子瞻	前赤壁賦	1	1		1		1	2	1			5.0
歸有光	先妣事略	1	2	2		1			1	2		5.4
賈誼	論積貯疏			3		1			2		1	5.7
戰國策	張儀說韓襄王					2	3	2				6.0
蘇子瞻	教戰守	1			2					3	1	6.6
戰國策	蘇秦說韓昭侯				1		1	1	3	1		7.1
歸熙甫	項脊軒記						1	2		1	3	8.0

表 5.04　第四學月

作者	篇名	一	二	三	四	五	六	七	八	九	十	平均等第
韓退之	應科目時與友人書	2	2	1		1		1				3.0
同上	與孟東野書	2	1		2		2					3.4
柳宗元	至小邱西小石潭記		3		1		2	1				4.1
韓退之	與鄂州柳中丞書	1		1	2		1	1	1			4.6
戰國策	淳于髡解受魏璧馬	1		1	1	1	2		1			4.7
同上	淳于髡說齊王七士		1	1		3		1		1		5.1
王介甫	遊褒禪山記	1		1		1	1	1	1		1	5.7
柳宗元	袁家渴記					1		1	4		1	7.0
同上	石渠記					1			5	1		7.7
同上	石澗記				1				5		1	7.6

　　由上四表可知：在第一學月中七人之意見極為接近，如林嗣環之「口技」一篇，七人之中投第一、第二者各有二人，投第三者有一人，此五人為最大多數；後二人所許之等第為第四、一為第六，相隔亦非太遠。宋濂之「人虎說」一篇，結果亦復如此。故其平均等第「口技」列為第一，「人虎說」列入第二，「捕蛇者說」及「猿說」各為第三與第四，此皆屬較有興趣之材料。至其餘四篇等第平均皆在 5.0 至 7.0

之間，其爲不感興趣之材料可知。在最後「明禹州兵備道李公城守死事狀」一篇中投最無興趣票者竟有四人之多，超過半數，故其等第列在最末。

在第二學月中並無興趣特濃之材料，故其等第平均後最高者不過3.3（表5.02），與表5.01相差甚遠。如以本學月之等第列入第一學月中，本學月等第在第一者將爲第四，可見相差之巨。以下各篇學生興趣亦極參差不一。

在第三學月中學生對蘇子瞻「後赤壁賦」似皆感興趣，故其等第最高，平均爲2.1。「前赤壁賦」則不如「後赤壁賦」之發生興趣，故其等第雖爲第四，實行數量爲5.0，與前者相差極遠。

在第四學月中情形極爲復雜，所有教材似皆不能引起學生之興趣，其中稍有興趣者僅韓退之「應科目時與友人書」一篇，學生投第一、第二等者各有二人，投第三者一人，其餘二人投第五、第七，與前者相隔尙不太遠。

吾人若就文章內容分析其類別或特質，則學生之興趣更易見出。例如第一學月之文章中學生最感興趣者爲林嗣環之「口技」，該篇內容爲驚奇之叙述，是日常生活中所罕見者，其易引起學生之興趣不無理由。茲將上述各篇依其內容或特質分別於下，以便比較。

第一學月

1. 林嗣環：「口技」驚人之叙述。
2. 宋　濂：「人虎說」奇異之叙述。
3. 柳宗元：「捕蛇者說」有情感之叙述。
4. 宋　濂：「猿說」卽「金絲猿」有情感之叙述。
5. 方　苞：「左仁傳」人物故事。
6. 方　苞：「記螳」
7. 戰國策：「莊辛說楚王」靜的論述。

---

*此帶出處未詳

　8. 方　苞：「明禹州兵備道李公城守死事狀」靜的叙述。

第二學月

　1. 諸葛亮：「前出師表」感人之叙述。

　2. 蘇子瞻：「方山子傳」隱逸之故事。

　3. 戰國策：「陳軫爲齊說昭陽」比喻之論述。

　4. 陶淵明：「歸去來辭」抒情之韻文。

　5. 淳于髡：「說齊王止伐魏」比喻之申述。

　6. 蘇子由：「六國論」明達之論述。

　7. 歐陽修：「豐樂亭記」抒情寫景文。

　8. 戰國策：「觸讋說趙太后」靜的叙述。

　9. 戰國策：「陳軫說楚王無絕齊交」靜的叙述。

第三學月

　1. 蘇子瞻：「後赤壁賦」新奇生動之韻文。

　2. 崔子玉：「座右銘」道德性之教條。

　3. 王介甫：「傷仲永」兒童故事。

　4. 蘇子瞻：「前赤壁賦」生動之韻文。

　5. 歸有光：「先妣事略」靜的叙述。

　6. 賈　誼：「論積貯疏」靜的論述。

　7. 戰國策：「張儀說韓襄王」靜的論述。

　8. 蘇子瞻：「教戰守」靜的論述。

　9. 戰國策：「蘇秦說韓昭侯」靜的論述。

　10. 歸熙甫：「項脊軒記」有情感之叙述。

第四學月

　1. 韓退之：「應科目時與友人書」奇闢之比喻。

　2. 韓退之：「與孟東野書」有情感之叙述。

　3. 柳宗元：「至小邱西小石潭記」簡易之寫景文。

　4. 韓退之：「與鄂州柳中丞書」昂揚之陳述。

5. <u>戰國策</u>：「淳于髡解受魏璧馬」有風趣之論述。

6. <u>戰國策</u>：「淳于髡說齊王七士」靜的論述。

7. <u>王介甫</u>：「遊褒禪山記」平易之寫景文。

8. <u>柳宗元</u>：「袁家渴記」簡易之寫景文。

9. <u>柳宗元</u>：「石渠記」簡易之寫景文。

10. <u>柳宗元</u>：「石澗記」簡易之寫景文。

　　上述諸論可綜合而為敘述、論說、傳記、寫景、抒情等類。然揆諸學生之興趣頗為參差，或同一作者之作品而有愛憎之別；或同一類別之文章而興趣之高低不同。雖吾人分類雖免主觀，然細究之，同為一人，其作品不同；同為一類，內容有異者實為常情。若第三學月中「前、後赤壁賦」雖同為<u>蘇軾</u>所做，且同為寫景之文，而學生竟一則列其興趣等級為第一，一則列在第四；推原究故，當係「後赤壁賦」較「前赤壁賦」新奇生動，易為學生所領受。而同月中<u>歸有光</u>之「先妣事略」及「項脊軒記」一在第五，一在第十；等級距離頗遠，且皆為興趣較低者。蓋<u>歸</u>氏之文簡潔有餘，情感不足，初二學生讀之，難免索然乏味。

　　第二學月中學生特喜「前出師表」者，或因該篇情詞真摯，且<u>諸葛亮</u>為學生所熟知而崇拜之人物，故雖為論述之文，亦不覺煩厭。其他各篇論述如其措詞生動，比喻幽默或風趣者，亦易引起學生之興趣，如<u>陳軫</u>「為齊說昭陽」之類。但含有道德性之教條原為學生所不喜者，而第三學月中<u>崔子玉</u>之「座右銘」反列在第二者，則是因其條戒切近生活，文章淺近易識，是知學生並非完全反對訓誡，惟視其言詞是否中肯、事實是否切要耳。且中學生有傾慕偉人之傾向，樂於為善，當非例外。如其論述過於呆板、事實與生活距離太遠者，則不易引起學生之興趣，如「莊辛說楚王」、「觸讋說趙太后」各篇是。

　　第四學月中學生頗喜<u>韓退之</u>之作品，蓋<u>韓</u>氏之作奇闢生動，且具情感；雖為古文體，然其文詞不難了解，故學生亦欲讀之。

　　統觀各月之作品，學生最不喜者爲靜的叙述，雖號稱古文大家之柳宗元，其作品亦不能特邀學生之喜愛。如其「袁家渴記」、「石澗記」各篇雖爲寫景佳作；然文詞生澀而簡約，較之「赤壁賦」相去遠甚。由是知學生之興趣難與成人同日而語，倘以成人之觀點評價文章，則難與學生之意見相合。

　　吾人復以他種敎材調查學生之興趣，此與上述不同者，係就其對所讀之文章予以上、中、下三等之評判；而不以數字分別。卽其感覺興趣者列爲上等，不感興趣者列爲下等，無特殊興趣而又非十分不善者列入中等。在三十篇國文中評判之結果如下：

表 5.05　學生國文興趣等第表

篇　　　名	等　第	篇　　　名	等　第
黔之驢	上	夜渡兩關記	中
蜀封溪之狐狸	上	江淮之蜂蟹	中
陋室銘	上	顧頡傳	中
日新齋記	上	王冕傳	中
岳飛之少年時代	上	貓捕雀	中
瞿元妓	上	鼠狼伏蛇	中
千日酒	上	賈人渡河	中
沈雲英傳	上	不死之藥	中
大鼠	上	亞美利加之幼童	中
爲學	上	蟻戰	中
狼（第三叙述）	上	蚊對	下
狼（第一叙述）	中	貓睛	下
孟子謂戴不勝章	中	習慣說	下
芋老人傳	中	歐喻	下
納爾涵軼事	中	奕喻	下

　　表 5.05 中一部爲一年級時之敎材，一部則爲二年級所敎者，計共三十篇。其中興趣程度列上等者十一篇，列中等者十四篇，列下等者僅有五篇。分析此種結果：學生感覺興趣者大抵爲與其生活有關者，或爲淺近易解之材料，如「陋室銘」，「岳飛之少年時代」，「沈雲

英傳」，「爲學」等篇。學生不感興趣者爲與其生活較泛遠，或含有訓誡意味之文章，如「甌喩」、「習慣說」以及前述之「曾文正公家書」之類之文章。茲將其中數篇依其內容或特質約略分之如下：

「黔之驢」生動之叙述。

「陋室銘」幽默生動之韵文。

「岳飛之少年時代」名人故事。

「沈雲英傳」人物故事。

「爲學」生動之叙述。

「芋老人傳」故事式之叙述。

「納爾遜軼事」訓誡式之故事叙述。

「習慣說」靜的叙述。

「甌喩」靜的叙述。

「奕喩」靜的叙述。

上列各篇興趣等級列在上等者皆爲生動、幽默、或人物故事、至其故含有訓誡之意味者等級較次，而興趣列在下等者多爲靜的叙述，此事結果與初二所列者略同。

　　由背誦之結果分析學生之興趣　吾人固熟知學生感覺興趣之材料學習之成績較佳，否則倘無其他因素存在，其成績必劣。是以在初中國文敎學實驗中吾人復從事另一分析，即在一年級中將精讀之國文爲材料，記錄其背誦成績，分別予以等第，如背誦全無錯誤者列第一等；否則依其錯誤之多少按次排列。顧該級學生程度不齊，成績亦相差甚互；但吾人核計之結果仍能看出其平均趨勢。蓋將各生背誦之成績平均後即爲背誦某篇之平均等第，而各篇之平均等第頗不相同。此種背誦爲曾經控制者，蓋多數爲研究誦習速度之材料故也，以是此結果尙較正確。

　　吾人用以從事此種實驗之材料共四十三篇，學生計十六人，背誦之等第自一至二十七。其中背誦成績最佳者爲「陋室銘」，有十五人

背誦列在一等，另一人則爲十五等，等第平均爲 1.87；此篇係背誦最順利者，徵諸前述背誦之速度，結果完全符合。其次爲「孟子原泉章」與「五柳先生傳」，二者之平均等第皆爲 3.88。再次平均等第在 4 與 5 之間者爲「歧路亡羊」一篇。在 5 與 6 之間者有「齊人有一妻一妾章」、「黔之驢」、「鄭人使子濯孺子侵衛」等三篇。在 6 與 7 之間者爲「馬氏女雷五葬志」一篇。在 7 與 8 之間者有「蟻戰」、「蜀封溪之猩猩」二篇。在 8 與 9 之間者有「不死之藥」、「至小丘西小石潭記」、「書楊氏婢」、「讀孟嘗君傳」等四篇。在 9 與 10 之間者有「群居課試錄叙」、「跋小學故事」、「猿說」等三篇。背誦成績最劣者爲「甌喻」，等第平均 26.87；其次爲「千日酒」，等第平均爲 26.68；再次爲「奕喻」，等第平均爲 22.44。約言之，背誦順利者其等第率皆集中於前半部；背誦欠佳者率皆集中於後半部。惟此項結果未足使吾人驟然斷言其背誦順利者卽係感覺興趣之文章，蓋其中有多篇文章篇幅甚短，雖吾人於前做實驗中證明篇幅短者誦習未必容易；然如篇幅甚短，則對於背誦成績究不能全無影響。故於此之外復令學生就其於文章中所叙述之故事作有無興趣予之評判，此評判與前述所評等第不同：前所評者爲籠統之判斷，不分文字或故事內容，僅令學生予以概括之等第；此處之評判則完全根據故事內容，依其有無興趣分別等第。所評判者卽上述背誦之四十三篇，學生仍爲十六人。其結果因所需篇幅較多，未便一一列舉，僅就其最有興趣與最無興趣之兩端略舉如下。

　　興趣最高者爲「陋室銘」，等第平均爲 2 ；其次爲「五柳先生傳」，等第平均爲 4.94；再次爲「沈雲英傳」、「蜀封溪之猩猩」、「蟻戰」、「岳飛之少年時代」、「猿說」、「至小丘西小石潭記」、「鄭人使子濯孺子侵衛」等篇，等第平均皆在 6 與 7 之間；興趣最低者爲「貓睛」、「書楊氏婢」、「甌喻」、「孟子謂戴不勝章」等篇，等第平均皆在 11 與 12 之間。以此與背誦之成績相較，頗爲接近。由是吾人求得背誦成績與故事內容之相關係數 r 爲 0.666 ， 表明二者間之關係

頗大。是知學生對於所學材料發生興趣者學習較速，成績亦較佳。因
是可得如下之結論：

（一）初中學生最感興趣者爲驚人或奇異之叙述，若「口技」、
　　　「人虎說」等。

（二）文章生動或有情感之叙述亦爲學生所愛好，若「捕蛇者
　　　說」、「前出師表」、「黔之驢」等。

（三）幽默、奇闢、別緻之韵文易引起學習興趣，若「歸去來辭」、
　　　「後赤壁賦」、「應科目時與友人書」等。

（四）偉人故事或兒童故事亦爲學生所歡迎，「若傷仲永」、「岳
　　　飛之少年時代」、「沈雲英傳」等。

（五）簡短之遊記與敎條間亦能使兒童感覺興趣，若「座右銘」、
　　　「至小丘西小石潭記」等。

（六）學生所不感興趣者爲刻板式之理論，若「莊辛說楚王」、「
　　　觸讋說趙太后」、「陳軫說楚王無絕齊交」、「蘇秦說韓昭侯」、
　　　「習慣說」等。

（七）學生所最不喜者爲靜的叙述，若「明禹州兵備道李公守城
　　　死事狀」、「項脊軒記」、「甌喻」、「奕喻」等。

（八）就文章形式言，初中學生所喜者爲文字簡潔、叙述曲折、
　　　淺近易識者如「口技」、「前出師表」、「後赤壁賦」、「應科目
　　　時與友人書」、「黔之驢」等。

（九）學生最不喜者爲文字艱深、生澀、難於了解者，如選自戰
　　　國策之各篇。

（十）學生對感覺興趣之文章背誦成績較佳，否則反是。

　　上述結果證明兒童之興趣與成人不同，成人依其好尙爲兒童選擇
讀物，不盡爲兒童所歡迎；如其爲兒童不喜者特多，則影響於敎學效
率殊甚。倘吾人於選擇敎材之先注意此項研究結果，對於敎學將大有
裨益。

第二〇節　學習後之保持能力

在國文之學習過程中吾人一則欲學生於學習時能透澈了解；一則欲其於學習之後能保持較久之時間。所學能透澈了解，則學而有成；學後保持較久，則便於應用。顧吾人不特欲其能學而有成；且欲其於學習時能節省時間，使在較少之時間內收到較大之教學效果，此為吾人研究學習歷程以及教材教法之原因。然此事非吾人於此所將討論者，本節論述為學習後保持能力之探討。蓋保持所學極為重要，倘吾人於所學不能保持，則於應用時將無從擷取，學習即為浪費。顧保持能力究有幾許？保持之分量實有若干？如以不同之方法學習，其保持能力是否相同？吾人於此將予以分析研究。

國文精讀之保持能力　關於國文精讀之保持能力前章曾略有敘述，如在文字內容與誦習速度一段中曾以初一下之學習材料用為實驗。第一次為比較背誦不同之材料所需之時間，在「陋室銘」、「不死之藥」、「孔子世家贊」、「曾文正公家書」、「春夜宴桃李園序」、「馬說」各篇中因文字性質不同，所需之時間亦有差別。其中背誦較易者為「陋室銘」、「不死之藥」；而雖篇幅較長之「馬說」所用時間亦非最多（參閱第四章第十六節）；其用時最多者反為較短之「孔子世家贊」、「曾文正公家書」等；是足徵文字內容對誦習速度之影響。第二次實驗係將上述材料於經過一學期後復令學生背誦（此皆係精讀之材料曾經背誦者），然後再令學生重新溫習，記載其溫習時所讀之遍數及所需之時間，由是求得其重讀每百字所需之秒數。與初讀比較，結果「陋室銘」初讀平均每百字需 665.6 秒，重讀僅 95.5 秒；「不死之藥」初讀1003.5秒，重讀僅 118.0 秒；「孔子世家贊」初讀需 1232.4 秒，重讀僅 573.4秒；「春夜宴桃李園序」初讀為 1242.1 秒，重讀為 214.1 秒；「馬說」初讀為 1242.1 秒，重讀僅 264.6 秒；「曾文正公六月十四日家書」初讀為 1037.5 秒，重讀則為 456.2 秒；「七月廿七日家書」初讀為 723.4

秒，重讀則爲 388.4 秒。七篇總計，初讀平均每百字需時 1215.3 秒；重讀僅 300.3 秒。或初讀每百字需二十分十五秒者；重讀僅用五分卽可，約可節省百分之七十五之時間。而此所節省之時間卽爲其保持之能力。

表 5.06　初中一國文學習之保持能力

篇　　　名	字數	初　　讀		重　　讀	
		平均遍數	每百字所需秒數	平均遍數	每百字所需秒數
陋　　室　　銘	81	17.3	665.6	5.0	95.5
六月十四日曾氏家書	105	26.7	1037.5	16.0	456.2
不　死　之　藥	106	25.4	1003.5	6.0	118.0
孔　子　世　家　贊	109	27.5	1232.4	21.0	573.4
春夜宴桃李園序	117	53.0	2602.9	10.0	214.1
七月十七日曾氏家書	124	18.0	723.4	15.5	388.4
馬　　　　說	151	23.7	1242.1	12.4	263.6
總　　平　　均			1215.3		300.3

　　吾人又於實驗班二年級時將其精讀之材料於經過十四個月後測驗其保持能力，方法與上述相同。惟於實驗之後更求得其節省時間之百分數，並以其保持分量與國文成績求得相關，以便比較。

表 5.07　初中二國文精讀保持實驗表

篇　　　　　　　　　名	全篇字數	節省時間百分數
江淮之蜂蟹	99	72.50
沈雲英傳	181	26.33
甌喻	117	76.50
奕喻	245	41.33
狼	108	57.75
馬氏女雷五葬志	151	42.50
歧路亡羊	85	51.75
讀孟嘗君傳	90	74.50
平均		55.62
保持分量與國文成績之相關	$\rho=0.59$	

　　上表中用以實驗之文章八篇，以其節省時間之百分數計，如「江淮之蜂蟹」全篇九十九字，節省 72.50 % 之時間；「沈雲英傳」一百八十一字，節省 26.33 % 之時間；其中省時最多者爲「甌喻」；省時最少者爲「沈雲英傳」。八篇平均節省 55.62 % 之時間， 此卽其保持能力，或稱爲保持分量。此種保持分量與國文成績之等級相關 ρ 爲 0.59。

　　由上述二實驗觀之，學習後之保持能力與其經過之時間有關，經過時間較久，則保持分量較少。然無論其保持若干，重讀較初讀爲節省時間則毫無疑問，此卽證明保持能力之存在。再進一步，則可知初讀費時較久者重讀亦費時較多，如「不死之藥」初讀 665. 秒，重讀 92.1 秒；「孔子世家贊」初讀 1232.4 秒重讀 573.4 秒，則係與文字之內容有關。

　　初三上期時吾人又以「區寄傳」一篇實驗，該篇共計三百零二字，參加實驗者學生五人。實驗之經過係先以該篇教學生精讀，於背誦純

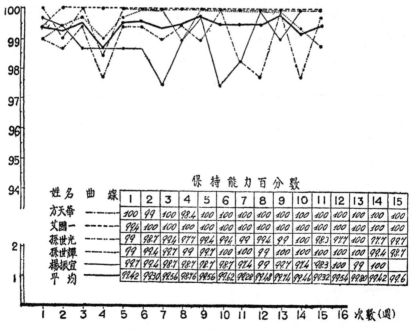

圖 5.01　國文誦讀後保持能力之趨勢

熟後每隔一週令學生背誦一次，計繼續十五週，即每人前後共背十五次。其中僅楊生一人於第十五週，未曾背誦，其餘皆未間斷或缺少背誦次數。茲將各人背誦之結果繪圖如下：

上圖係各生每次背誦之結果，依照其成績求得保持能力之百分數。其中每種曲線代表一人，最粗之一條爲五人之平均結果。如第一週方天華之保持能力爲百分之百，即其在第一週即能背誦全篇而毫無錯誤；艾國一保持百分之九十九點四；孫世光與孫世輝皆保持百分之九十九；楊振宜保持百分之九十九點七。五人平均爲 99.42 ％。在全部實驗中保持能力最高者爲艾生，自第二週後每次皆爲百分之百，將此成績直保持至最末次。而在十五週中變化較大者爲楊生與孫世光。至於五人平均第一週爲 99.42 ％；第二週爲 99.3 ％；第三週爲 99.56 ％；第十五週楊生缺少一次，以四人之結果平均爲 99.6 ％。其曲線第二週較低於第一週；第三週則高於第二週；第四週最低，爲 98.76 ％；自五週以後雖有升降，而其趨勢則呈上昇之現象。至最末兩週復又下降。以此結果與前次實驗相較，保持能力超過甚多。其原因或爲前次之實驗僅就重讀與初讀之成績加以比較，而自初讀至重讀其距離之時間恒在十數週以上，且重讀之後並未繼續實驗，是其後之保持能力無從得知。此次實驗距學習僅有一週，所保持者當屬多數；且此後每隔一週即行背誦一次，此種背誦實含有複習之功用。至最後兩週平均有退步之現象者，或係由於重複次數過多，發生厭倦之故。然此現象係受一、二人之影響而非普遍者。是其中記憶較強者在一週之時間內不致遺忘，而記憶不牢固者則不免發生錯誤。唯因相隔僅一週，故錯誤不若相隔數月之多。則是保持能力不但與距離之時間有關，且與學習後之溫習有關。倘將所習之材料時常溫習之，則保持能久而且多，是爲常理所云然。

整讀、段讀之保持能力　上段所述之保持能力僅就一般學習之精讀材料實驗之結果而言；然吾人曾於前章中論及學習方法與學習效果

之關係，如精讀與略讀、整讀與段讀、韻文與散文等。精讀之保持能力固已言之，略讀之材料不予背誦則非本段所需討論者。惟整讀與段讀在學習時固有差異，則學習之後保持能力有無區別似亦應有一明確之結果。吾人於此將予以申述，並將述及散文、韻文之保持能力。

　　整讀段讀之保持能力曾於整讀與段讀之比較探討中略一叙及，其時吾人先以整讀與段讀比較其在學習效率上之差別，此保持能力之實驗即在學習效率之實驗後之四個月間賡續舉行者。實驗之方法係以默寫測量學生之保持能力，默寫之前曾令學生溫習，記明其溫習之遍數及所需之秒數，以之求出節省時間之百分數以便觀察；然後令學生默寫所溫習之材料，求得默出字數之百分數。此實驗共行二次，二次在學習一個月之後，另一次在學習後之第四個月。每次皆分整讀與段讀兩種，參加實驗者八人，分爲兩組，分別整讀與段讀而輪流爲之，結果如下：

表 5.07　整讀段讀之保持實驗結果

受　　試	默 出 字 數 之 百 分 數				節 省 時 間 之 百 分 數			
	一 個 月 後		四 個 月 後		一 個 月 後		四 個 月 後	
	整　讀	段　讀	整　讀	段　讀	整　讀	段　讀	整　讀	段　讀
A	94.54	92.64	9.66	17.75	88.20	90.25	82.93	81.84
B	73.95	81.82	1.26	13.42	79.29	84.50	79.01	63.55
C	5.88	1.73	1.26	6.93	80.45	87.59	76.72	88.40
D	84.03	93.51	79.00	85.71	71.02	91.95	77.81	87.84
E	86.55	30.30	43.28	15.58	90.53	83.14	85.89	76.77
F	39.39	16.81	5.63	13.45	69.26	69.62	69.44	65.51
G	1.73	11.34	63.20	2.10	66.98	47.94	74.92	73.85
H	98.27	97.90	88.74	25.63	92.14	94.47	90.02	91.13
平　　均	60.54	53.25	36.50	22.57	79.74	81.18	79.59	78.61

　　上表中由默出字數之百分數觀之，一個月後整讀能默出之數平均爲 60.54%，段讀平均爲 53.25%；四個月後整　平均能默出 36.50%，段讀平均爲 22.57 %。兩者皆以整讀之成績爲優，然四個月後者之保

持能力則顯然較一個月後者爲劣，則是距離時間之長短大有關係。再就節省時間之百分數觀之，一個月後整讀平均節省 79.74 ％之時間，段讀則爲 81.18 ％；四個月後整讀平均節省 79.59 ％之時間，段讀則爲 78.61 ％。前者段讀較整讀多省 1.44 ％之時間；後者段讀較整讀多用 0.98 ％之時間。以前者言，係段讀較優；以後者言，又以整讀爲佳。倘以二者平均計之，則段讀較之整讀可多節省 0.46 ％之時間，相差甚微，不如以默出字數計算之結果相差之明顯。故就節省時間方面區別整讀與段讀，頗難斷言；若就默出字數之結果比較，則無疑係整讀優於段讀。

　　散文、韻文在整讀、段讀上之保持能力　吾人於實驗高二散文、韻文之整讀、段讀之效率時並準備做保持能力之實驗，其材料同於前述散文、韻文之整讀、段讀誦習速率之實驗所用者；換言之，卽係在該種誦習速率實驗後四個月復作保持能力實驗，仍以重讀成績求出節省時間之百分數。其結果如下：

表 5.03　高二學生散文韻文整讀段讀保持能力比較

受　　試	散　　文		韻　　文	
	整　讀	段　讀	整　讀	段　讀
A	55.77	67.32		
B	65.45	58.85	67.48	43.52
C	65.86	39.93	42.70	32.90
D	27.93	36.14	30.38	50.57
E	40.63	39.97	58.55	39.53
F	65.06	49.31	35.18	65.67
平　　均	53.45	48.59	46.86	46.44
	51.02		46.65	

　　註：以節省時間之百分數計算

　　此以實驗受試高二學生六人，其中一人韻文中缺少一次成績。由表 5.09 觀之，在散文中整讀與段讀個人之成績極不一致，難分孰優孰劣；但六人平均計之，整讀可節省 53.45％之時間，段讀可節省 48.59

％之時間。在段讀中除 D、F 二生外餘皆整讀優於段讀；然兩者平均，整讀爲 46.86 ％、段讀爲 46.44 ％，整讀優於段讀，唯所差甚微。若以散文、韵文之整讀與整讀、段讀與段讀合併計之，則以整讀省時較多；然此種計法未免過於牽強，反不如就此事實加以判斷爲準確。蓋散文整讀保持力較强，韵文則無顯著之區別。倘使散文、韵文不分整讀或段讀，則其節省之時間前者爲 51.02 ％，後者爲 46.65 ％，是散文之保持能力較優於韵文。此結果殊與吾人所習聞者不同，吾人每以韵文之誦讀易於散文；其保持能力亦優於散文。然自曩昔之實驗中固已知兒童之學習於其文體之爲散爲韵甚少影響，在此保持能力之實驗中韵文並不優於散文，當亦自有其原因。因是吾人結論云：

（一）國文學習之保持能力與材料之內容有關。內容使學生感覺興趣者學習較易，保持亦較多。普通之保持能力在百分之五十五與七十五之間。

（二）保持能力之多寡因距離時間之久暫而異。距離初讀時間短者重讀費時較少；否則費時較多。

（三）學習之後倘能時常溫習，則保持之分量最多。此原則無論初讀或重讀皆能通用。

（四）倘學習之方法不同，如或用整讀，或用段讀，其保持能力自默寫之成績言之，以整讀爲優；若依所節省之時間而言，則以段讀省時略多，然相差甚微。

（五）保持能力，散文優於韵文。在整讀與段讀中散文整讀優於段讀；韵文整讀與段讀則無顯著之區別。

第廿一節　作文錯字之分析

吾人欲將學生作文成績作客觀之研究頗屬困難，蓋文章寫成之經過與夫學習進步之情形極爲複雜。然吾人究不能因難而止，茲姑就作文中至爲普遍之錯字問題先行研究之，當可供國文敎師之參考。

實驗班學生閱讀文言之能力固早經訓練，同時吾人又欲測知其文、白兩方面之寫作能力，以便比較。於此可將其錯字提出，加以分析。自初中一至初中三學生作文中語體文之字數逐漸增加；文言亦有增加之趨勢，惟其所增不多。作文中錯字則隨年級而漸減，殊合常情。

文、白錯字之比較　吾人曾將初中學生作文依文言與語體之別比較其錯字，求出其錯誤指數。即以平均每篇之錯字除字數，如表 5.09 初中一年級平均白話文二百十一字中錯三點六字，以 3.6 除 211，得五十八，此即其錯誤指數。簡言之，即平均每五十八字中有一錯字。又若初一文言文平均二百零二字中錯五字，以 5 除 202，得四十，即平均每四十字中有一錯字，餘可類推。如以總字數除錯字數，吾人又可求得錯字之萬分比，若初中一白話文錯字之萬分比為 172.9，文言文為 254.1。即初一學生白話作文平均每萬字中有一百七十二點九個錯字；文言每萬字中有二百五十四點一個錯字。如此則更易比較。

表 5.09　中學生文白作文錯字之比較

年　級	平 均 每 篇 字 數		錯 誤 指 數		錯 字 萬 分 比	
	文　言	語　體	文　言	語　體	文　言	語　體
初　中　一	202	211	40	58	254.1	172.9
初　中　二	240	291	54	84	183.9	119.6
初　中　三	205	237	53	87	189.5	115.5

上表中由其平均每篇字數觀之，二年級與三年級恰似相反；因吾人前已言之，作文字數因年級而增加，此處係一例外。考諸曩所實驗前師各年級字數依次增加，頗形整齊；此處錯誤指數除文言者初二與初三略有顛倒外，尚無不合之處。

各年級錯字之比較　上述係將學生作文依文言、語體之別比較其錯字；倘不分文、白，其錯誤又將如何。吾人可為另一比較。

依客觀事實言之：作文篇幅加長而錯字減少，二者當成反比；而此二者又將隨年級之遞進而變化。即其年級愈高，作文字數之平均應

愈多；錯誤之平均字數應愈少而至於零。由初一下至初三上共計四學期，初一下每生平均作文十三篇，字數之平均為178.12；至初二上增至267.95；初二下忽減至250.34；初三上復增至331.25。由數字觀之，以初二上所增最多，初二下竟自不及，其中原因須加說明。

自每篇平均字數觀之：初一下相差懸殊，係由於此時學生之程度至為參差；至初二上期程度較低之學生已經退學，故其成績突然上升。然初二下何以又行降低。則由於在此期中極為注重文言文，學生作文之為文為白固由其自擇，然以其已有充分之文言訓練，多數樂為文言之嘗試；而文言之篇幅短於語體，故平均後字數無增加之現象。實則在作文方面固無退步之事實也。至初三上期文言之練習已有基礎，成績復行上升，自為自然之理。錯字方面以錯字之平均數觀之：初一下為10.23，卽在長度一百七十八字左右之文章中有十個左右之錯字，其錯誤之程度不為不甚。初二上期錯字平均為3.0，卽在二百六十八字之作文中有三個錯字，較上學期大為減少。初二下期平均在二百五十字之作文中約有四字錯誤，此為不及初二上者，然其原因吾人前已言之。至初三上期在三百三十一字之作文中約有五字錯誤，以錯字數量計，似反有增多，然與作文字數比較，實為減少。試由其萬分比言之卽明：初一下之萬分比為509.7，卽作文每萬字中有五百零九字錯誤；初二上每萬字中約有一百六十字錯誤；初二下每萬字約有一百六十九字錯誤；初三上每萬字約有一百四十五字錯誤；除初二下外皆如理想之情形。其詳見表5.10。

如自文題觀之：內容敘述切近學生生活，為其所習見習聞，以簡易文字足以說明者，錯字較少。若初一下之「記故事一則」、「立志」等，初二上之「我的暑假生活」、「新年記事」、「民族復興節記」等，初二下之「寒假中新聞故事一則」、「春日郊遊」、「夏令應注意衛生說」等，初三上之「四川之風俗」、「述志」等。反之如其內容敘述較為生僻，或須論列者錯字較多。若初一下之「禮義廉恥國之四維

表 5.10　初中學生作文錯字分析

初中一下					初中二上			
號數	篇　名	全文字數平均	錯字平均	萬分比	號數	篇　名	全文字數平均	錯字平均	萬分比
1	記故事一則	216·80	2	92.3	1	我的暑假生活	292.00	1	25.5
2	夜讀記事	174.13	17	97.6	2	論泰日侵越	240.50	6	249.5
3	閱報之益	193.50	9	550.5	3	秋	218.00	1	45.9
4	我們應怎樣紀念兒童節	170.00	13	764.7	4	勸募寒衣	208.67	4	191.7
5	春假記遊	223.14	13	582.6	5	記夢	306.50	3	97.9
6	立志	238.00	1	42.0	6	自傳	283.60	2	70.5
7	禮義廉恥國之四維說	177.65	14	788.5	7	記石門	259.50	5	192.7
8	業精於勤荒於嬉說	93.33	4	428.5	8	爲汪日簽訂條約告國人書	251.00	5	199.2
9	論體育之重要	172.25	5	290.3	9	記軼事一則	377.00	5	132.4
10	夏	155.00	7	451.6	10	與友人書	257.50	2	77.8
11	五月裡的國恥	219.33	13	592.7	11	民族復興節記	233.00	1	42.91
12	重慶空襲記	200.00	30	1500.0	12	觀劇記	319.00	1	81.34
13	求學記	112.33	5	445.1	13	新年記事	327.00	1	20.6
					14	冬日郊遊	254.00	7	299.1
					15	一學期生活的回顧	199.00	2	100.5
					16	寒假中工作的計劃	181.00	2	110.5
平均		178.11	10.23	509.7	平均		267.95	3.0	160.4

初中二下					初中三上			
號數	篇　名	全文字數平均	錯字平均	萬分比	號數	篇　名	全文字數平均	錯字平均	萬分比
1	寒假中新聞故事一則	430.00	1	23.3	1	傳記一篇	287.40	4.40	153.09
2	與友人論讀書方法	223.10	2	89.7	2	余之童年	433.80	6.60	152.14
3	春	208.00	2	96.2	3	中秋節記	279.75	4.25	151.92
4	交友說	187.00	3	160.4	4	觀傀儡戲記	348.50	9.75	279.77
5	論日本南進	187.33	4	213·5	5	我的家庭	322.40	5.20	161.29

6	植　樹　說	225.67	3	132.9	6	記　事　一　則	423.20	4.60	108.69
7	春　日　郊　遊	266.00	1	37.6	7	四　川　之　風　俗	280.00	2.00	71.42
8	春　假　記　事	363.00	4	110.2	8	雨	301.80	4.00	132.53
9	提倡滑翔運動說	237.33	7	294.9	9	近朱者赤近墨者黑	290.50	4.75	163.51
10	夏令應注意衞生說	96.00	1	104.2	10	述　志	286.00	2.00	69.93
11	寓　言　一　則	223.33	7	323.4	11	石　門　村　記	268.60	4.20	156.36
12	喜　雨　記	232.50	4	172.1	12	故　事　一　則	537.00	5.75	107.07
13	端　午　釋　名	167.33	8	478.1	13	公　路	321.25	4.50	140.07
14	夜　欄	433.67	7	161.4	14	路　工　記	386.33	6.33	163.93
15	威　廉　第　二　論	275.00	4	145.5	15	修　屋	392.00	6.33	161.59
					16	記　竈　神	241.50	2.25	93.16
平均		250.34	3.87	169.9	平均		331.25	4.80	145.11

說」、「重慶空襲記」等，初二上之「論暴日侵越」、「冬日郊遊」等，初二下之「提倡滑翔運動說」、「寓言一則」等；及初三上之「觀傀儡戲記」、「近朱者赤近墨者黑」等。常聞學生最喜作者爲遊記題，初二下之「春日郊遊」錯字比例極少，此題獨多者因冬日郊外無美景可記，必其獨出心裁、另起新意，文章方能生動，以此其所述者必多稀見之事物，故錯字較多。由上分析吾人可知：

(一) 初中學生之作文文章之字數隨年級而遞增，若爲文言，則所增較少；錯誤字數隨年級而漸減，惟見於文言者，較語體爲多。

(二) 初中學生作文中以一年級錯字最多；二年級錯字銳減；其後各期皆較減少，然不若初二之甚。

(三) 自作文之內容而言：敘述習見習聞之事錯字較少；如爲罕見或議論者則錯字較多。

依上結果吾人於作文命題之時將有所抉擇，以減少學生之錯誤，且免批改時之繁難。

第廿二節　結　　論

依上述各種分析對於中學國文教學過程吾人可作結論如下：

1.就篇幅長度與誦習之速度言：誦習之速度因篇幅之長短而異，初一學生所讀之文言文以在一百五十字以內者爲宜；惟誦習如經訓練，速度可以增加，是則篇幅增長時，不致多用誦習之時間。

2.就文章內容與誦習速度言：誦習之速度因文章內容而異，內容之使學生感興趣者篇幅雖長而背誦較速；如其內容不能引起學生之興趣，篇幅則雖甚短，背誦之亦需較多之時間。

3.至如文體有散、韵之別者，則以韵文之誦習較速。

4.就兒童與成人之誦習時間言：成人少於兒童，因成人閱讀流利，故所需之時間較少。至成人誦習之次數雖亦較少於兒童，然不若時間相差之大，足證成人背誦一文尚需相當之時間。就老人與兒童之誦習時間言：依著者之實驗，老人誦習快於兒童，卽誦習之次數較少；老人誦習之速度亦高於兒童，卽誦習較速。惟速度恒少變化，不若兒童進步之多。一般言之：組間之差異較大；組內之差異較少。

5.就精讀與略讀之字數言：初一下期每週可背誦二百四十字至四百八十字；略讀可達四百五十字至五百五十字。一學期平均精讀七千二百字，至少應有六千字；略讀平均八千字，至少應有七千二百字。年級升高，精、略兩讀可因而增減，其分量以不過分增重學生之負擔爲限。

6.就精讀與略讀之成績而言：以精讀之成績爲佳；然於複習之後略讀之進步遠過精讀。蓋成績愈近於終點者進步愈少，故學生於學習之後非特精讀者宜常加練習，略讀者尤應多事溫習。溫習之時間應充分，且應由指導者擬題發問，令學生回答以引起積極之反應。

7.就整讀與段讀言：其誦習時間因篇幅長短而異，篇長在三百字以下者整讀與段讀無甚區別；如在三百字之上，則以段讀較速。倘文

體有散文、韻文之別，則韻文略佳。其保持效率初一誦習時段讀較優；默寫時整讀較佳。高一因對韻文較有興趣，其段讀之成績優於整讀。

8. 就國文學習之興趣言：學生最感興趣者為驚人、奇異、生動或有情感之敘述，幽默、奇僻、別緻之故事以及偉人或兒童故事亦為學生所歡迎，其簡短之遊記及道德性之教條間亦使兒童發生興趣。若刻板式之理論、靜的敘述之文章則為兒童所不感興趣者。至如文字簡潔、敘述曲折、淺近易識者學生愛讀之；倘其文字艱深、生澀、難於了解則為學生所不喜。而學生感覺興趣之文章學習易而速；不感興趣者學習難而緩，尤為明顯。

9. 就國文學習之保持能力言：內容使學生感覺興趣者保持能力較久；距離學習之時間短者保持較多。而學習之後如時常溫習，則保持較多。倘以整讀與段讀別之，段讀所用溫習之時間較少；然不及整讀默寫成績之優。如其文體有散、韻之別，則散文之保持能力優於韻文。

10 就作文錯字言：初中生之作文字數因年級之升高而增加；錯誤字數則隨年級之升高而減少。錯字減少之數量以初二上最為明顯，其後則減少之比例漸小。作文之內容如敘述為常見之事、所用為常見之字句，則錯字較少；倘內容生僻或為論述者，則錯字較多。

上述為著者從事中學文、白研究分析二十餘年之結果，用此述明，以供中學國文教師之參考；且為研究此項問題者提供門徑，以便深究。

第六章　初中國文語句分析
第二十三節　前　　言

歷來坊間通行之中學國文課本種類繁多；而各種課本之編者率皆憑一己之見解而對選文有所取捨，以致同一程度、年級之課本每因編者及出版處所之不同而難易互見、相差懸殊。此於教者固屬徬徨躊躇，無所適從；而學者之載浮載沈、張惶失措更可想見。如此則國文教育不瀕於失敗者幾希！而一般中學國文程度之低落要亦緣此也。然此問題非經正本清源，以求澈底之改善，而無以獲致圓滿之解決。筆者爰就坊間暢銷之初中國文課本數冊加以分析研究，其目的約有下述諸項：

(一)供教育當局規定初級中學國文課程標準之參考。許多國學巨子以爲提高國文教學標準，卽是提高學生程度；因而所定課程標準難免有好高騖遠之弊。又因欲使中學國文程度銜接大學文科程度，並補足大學文學系中尚未完成之目標，將此等任務皆加諸中學生頭上，亦似乎遠而不切要。就課程標準觀之：小學與初中尚能銜接，初中與高中間則裂隙甚大，其中又有自相矛盾之主張。例如一面主張應用語體文，廢作文言文；一面又注重駢文與學術思想之演變。如「文心雕龍物色篇」、枚乘「七發」以及莊子「秋水篇」、「逍遙遊」等(商務本)，以爲不可不敎。且欲求中學生在兩、三年內具有文學哲學各方面之知識，以爲專修國學之準備。又有主張依演變之次序，自古及今，難易倒置，學生程度愈不能銜接。因此今日部定中學國文標準必須有所改革。

(二)供教師選擇國文敎材之權衡。自課程標準頒佈後一般好高騖遠之學校或敎師憑一己主觀之見解，選擇不適合於學生程度之課本爲初中敎材，以致坊間所售課本敎材蕪雜，往往文字冗蔓，辭意晦澀。或意境太深，學生不能領悟，如商務本卽有此種弊病。又或語法歐化，讀解費力，或於報章或雜誌中選擇宣言或論文，蕪雜窳濫，世界本卽如此。因是筆者以學習心理之原則分析各種敎本，判別其優劣，使敎

者選擇教材時可以鑑別其是否適合學生之程度及學習環境。

（三）爲教師教學實施之方針。許多國文教師教學時不採固定敎本而用活葉文選，此等文選之採擇仍然憑一己之主觀見解爲之，於是國文科之敎材糅然雜出，標奇立異。東鱗西爪，時代、體裁、風格不同之文章同時並進，使教學茫無頭緒，難以獲致預期之敎學效果。爲使敎學能適合學生之學習能力，敎材能引起學生之學習興趣，在節省時間及精力之原則下使敎學能收較大之效果，敎師對於敎材之選擇應有確定之方針。

（四）指引學生課外閱讀之途徑。敎與學相輔相成者也。譬如行路：敎者指示途徑，而學者完成此行程。敎師對於學生倘能告以水陸舟車之便，則身歷長途的學生卽可鑑往知來。唯今日之中學國文敎學在課內往往有敎而無學；在課外則又有學而無敎。學生無可遵循之途徑，或盲目探索，或停而不行，以致課外閱讀者極少，卽或有之，亦不過憑一時高興，並非有計劃之自修，時間與精力之浪費殊屬可惜！但今日中學生課程之繁重已係專家所注意研究之問題，每日除正課六七小時外，課餘時間不敷自修之用。而學生猶要從事運動、集會、服務等以及其他各種課外活動，以是無暇課外閱讀。在自修之時間中又幾乎全爲溫習英文、研算數學佔去，課內之國文尚無暇溫習，不關緊要之課外閱讀自更不加顧慮。筆者從事語句分析之目的卽在求歸納課外閱讀於課內，以期敎學相輔相成。使學生之學習有足資遵循之途徑。可多致力於國文，而不妨碍其他學科之學習。

總上四者爲作者分析初中國文語句之目的，用爲敎師及專家之參考。

第二十四節　詞類、語句、體裁之分類

文章之旣經完成，則必以各種不同之體裁出現。然分析之，必由種種不同之詞類組成各類型式之語句，而各類型式之語句復經穿插交

織，遂成不同體裁之文章矣。本節爰就此三者簡述之，其中尤爲重要者殆爲語句，以其爲本章分析之主題也。

（一）詞類

此處依吳瀜氏中國文法所分之九種詞類提要如下：

一、名詞　名詞爲表示人或物之名稱者，大別之可分五種：

①專用名詞

②普通名詞

③群用名詞

④物質名詞

⑤抽象名詞

二、動詞　動詞係言人或物之動作者，可大別爲四類：

①不及物動詞

②及物動詞

③助動詞

④相當動詞

三、形容詞　形容詞係對於名詞、代名詞或其相當之字加以解釋而表現其系屬、情況、數量、方位、分合及疑問之作用者，可分爲七類：

①系屬形容詞

②情狀形容詞

③數目形容詞

④數量形容詞

⑤方位形容詞

⑥分合形容詞

⑦疑問形容詞

四、副詞　副詞用爲形容動詞或形容詞，有時則用以形容其本身，可別爲三種：

①普通副詞

②形容疑問副詞

③分合代名副詞

五、介詞　介詞係用以表明人或事物之關係而介於其間。介
詞之後必爲名詞，代名詞或與之相當之字或辭，謂之介詞
之賓格。可分九類：

①自介詞

②及物介詞

③所在介詞

④應用介詞

⑤原因介詞

⑥需要介詞

⑦共同介詞

⑧差別介詞

⑨代替介詞

六、聯續詞　聯續詞爲表示字句間之起承轉合、推宕展遞，
而爲連鎖之詞。凡助詞皆可爲聯續詞，唯以其所用之地位
爲別。可分爲三種：

①單獨聯續詞

②複合聯續詞

③聯帶聯續詞

七、代名詞　用以代替名詞之用者謂之代名詞，計有四類：

①指人代名詞

②指物代名詞

③接續代名詞

④詢問代名詞

八、助詞　以一字或若干字助一字或一句之意思，使其能充

分表現或增加其重量者，稱爲助詞。計三種：

①發語助詞

②補綴助詞

③煞尾助詞

九、感嘆詞　心有所感而發爲聲音，其詞則爲感嘆詞。約分

四種：

①美感詞

②激感詞

③同感詞

④反感詞

（二）語句

下節（二十八節）爲語句分析，其分類當詳分細析，此間可

免叙述之煩。

（三）體裁

亦依吳瀛氏之分類而得九種：

一、論說體（論辨附）

二、記叙體（遊記附）

三、傳記體（述狀附）

四、書牘體（奏治附）

五、序跋體（贈序附）

六、哀祭體

七、頌贊體

八、碑誌體（箴銘附）

九、辭賦體

此間詞類及體裁之分類僅作提綱絜領之條列，未行舉例者，蓋吳

氏專書述之甚詳矣。

而商務、中華、世界、正中四種課本各類體裁文章之篇數如下：

一、商務四十六篇，中華二十八篇，世界二十五篇、正中四十篇。

二、商務三十八篇，中華四十四篇，世界二十二篇、正中三十六篇。

三、商務二十七篇，中華二十四篇，世界十篇，正中二十篇。

四、商務三篇，中華六篇，世界三十一篇，正中十七篇。

五、商務五篇，中華八篇，世界九篇，正中十二篇。

六、商務四篇，中華一篇，世界七篇，正中二篇。

七、商務、正中各一篇，中華、世界則無之。

八、商務、世界各一篇，正中三篇，中華則無之。

九、商務、世界、正中各一篇，中華則無之。

第二十五節　各種語句之統計

在三百八十篇文言文中分析其句式，可以概分爲兩大類：一曰單句；二曰複句。單句中又分各種簡句及簡句複成分兩種，茲分述於下：

一、各種簡句

簡句爲合各種詞以完成語言之意思者。爲主格或其附屬之形容詞、副詞等所構成。不能析爲兩句或兩讀以上之句。如「所謂無法之法也」。（原法）。在四部教科書中最短之簡句僅有兩字，最長者竟達二十字。在經書及子書中簡句較多，其句亦簡練而較短；在譯文、宣言或報章等作品中其句最長。非獨學者不易記憶，且讀之亦索然寡味，必致減少學習之興趣。世界本因多選宣言或報章等文，故簡句較少。商務與中華本較多，正中本次之。茲列表如下：

表 6.01　簡句表

書別	字數	最　短　句	字數	最　長　句	總句數
商務	2	奚冠（孟子許行章）	17	以此四卷之演述無數世界變相者爲前編（上下古今讀序）	315
	2	冠素（同　　上）	17	是以知天下之君子也辨義與不義之亂也（墨子非功篇）	

中	2	樂甚(亞米利加之幼童)	10	而齊七十餘城皆復歸齊(田單以火牛攻燕)	313
華	2	是也(郭子儀單騎退敵)	11	更附以大綱數條以揭明之(裘暉鈞嚴)	
世	2	敬諾(觸聾說趙太后)	20	蓋光陰非可積聚不用以俟他日有空時再用者也(光陰)	104
界	2	無有(同　　　上)	13	以爲人生骨肉歡然聚處恆如是(北堂侍膳圖記)	
正	3	尋而卒(范式張劭)	17	其中爲良朋友後生小子論文賦詩之所(范孫署中寄弟墨書)	214
中	3	三歲耳(盲者說)	15	此學者所以不可不深思而愼取之也(遊褒禪山記)	

　　不及物簡句：在簡句中有主格及其主動詞。而主動詞必爲不及物動詞或無賓格者。有時以不及物動詞之主、賓格之名詞加以形容詞；或主動詞加以副詞；或主動詞前加助動詞。如「勝請爲召介而見之於先生」（魯仲連義不帝秦）。不及物簡句以商務本最多，世界本最少。最短句有二字，最長句達四十字，如下表：

表 6,02　不及物簡句

書別	字數	最　　短　　句	字數	最　　　　長　　　　句	總句數
商	2	乃泣(安樂王子)	25	予信此習慣於予之誨人及時時勸人從所倡之法皆所利甚多(佛蘭克林自傳)	540
務	2	李令(書魯亮儒)	22	武與副中郎將張勝及假吏常惠等募士斥侯百餘人俱(蘇武傳)	
中	3	好長劍(勸學)	18	吾人不可無此堅忍不拔百折不撓之精神也(林尹民傳)	115
華	3	獻之便(愼子拒齊求割地)	16	樹廬叟負幽憂之疾於九牛壩茅齋之下(九角壩歛角觝戲記)	
世	3	願奉教(段大尉逸事狀)	40	中國代表用最後更善用於引用日本前任首相原敬氏於一九一五年六月所提出議會之決議案(在華會要求廢棄二十一條聲明書)	107
界	3	甲者懂(同　　　上)	16	建築南滿洲及東部內蒙古鐵路之借款(同上)	
正	2	餒耳(張誠)	20	其答子張則以因民之所利之爲從政之要義(孔子學說與時代精神)	130
中	2	午可(去私)	16	吾昔讀曾文正戒子書中恔求詩而悚然焉(論合群)	

　　及物簡句：在簡句中有主格及其主動詞之賓格，而主動詞則爲及物式，且有賓格或重賓格者名爲及物簡句。例如「馬車斷學生足矣」（勇敢之小學生）。最短句兩字，最長句達二十八字，以商務本爲最多，世界本最少，見下表：

表 6.03　及物簡句

書別	字數	最　　短　　句	字數	最　　　長　　　句	總句數
商	2	弗聽（韓原之戰）	18	峯頂光明巖上所謂兜羅錦雲亦多出於此洞（峨眉山行記）	208
務	3	客何好（馮諼）	17	且子獨不聞夫壽陵餘子之學行於邯鄲與（莊子秋水篇）	
中	2	敬諾（燕太子丹謀秦）	13	何太子之遣往而不返者豎子也（燕太子丹謀秦）	30
華	3	某頓首（復妻書）	12	齊使車五十乘來取東地於楚（慎子拒齊求割地）	
世	3	奚亡之（歧路亡羊）	28	以及日本現在撤回對於最初要求中之第五項留至將來再議之保留（在華會要求廢棄二十一條聲明書）	25
界	3	明日來（段太尉逸事狀）	17	而實則與日本帝國主義者以莫大之便利（松滬抗日戰爭之意義）	
正	3	汝何顧（文天祥）	12	東南山中千萬樹桃花盡開矣（東南山中看桃花記）	31
中	3	誰之過（張誠）	12	時東夷入寇廣東之前歲也（塞外尋親）	

二、簡句之複成分

　　凡簡句中有主格與句身及其附屬之形容詞或副詞所構成而能析爲兩讀或兩句以上之句者，稱爲簡句之複成分。此類語句可表示較複雜之意思，除使用複句外，爲求寫讀雙方之時間及心力經濟起見，有時亦將主要成分疊用若干個以連詞聯之。例如「蒲蘭及蝶花俱開」（藝花日記）。單句之複成分不僅主語及賓語可用，其他如述語、補足語、形容性附加語及副詞附加語亦皆可用，茲分述之於下：

　　（一）讀句之簡句：有時一句內用形容詞或副詞爲主格之解釋語，則可省略其動詞或殿以煞尾助詞「焉、哉、乎、也」，直接主格爲其句身，名爲讀句之簡句。此類讀句大概皆爲名詞而字句較短。例如「蘭，花之隱逸者也」（愛蓮說）。讀句之簡句以論說文、傳記文中爲最多，記叙文次之。學者既便於記憶，且易於仿作。最短句四字，最長句十七字。以中華本最多，正中本最少，見下表：

表 6.04　讀句簡句

書別	字數	最　　短　　句	字數	最　　　長　　　句	總句數
商	4	求爾何如（論語侍坐章）	14	漢子可爲我持此紙致之斯多諾跋（一文錢）	145
務	4	赤爾何如（同　　上）	13	蔑也今而後知吾子之信可事也（民意故事二則）	

書別	字數	最短句	字數	最長句	總句數
中	7	菊、花之隱逸者也(愛蓮說)	11	蚯蚓以石灰水灌河水解之(金乳生草花)	209
華	7	蓮、花之君子者也(同　上)	10	黑蚰以麻裹筋頭將出之(同　　　　上)	
世	4	儉、美德也(儉訓)	17	此皆奸民蠹國者民何以存而國何以墦乎(成國任俠)	160
界	5	幸、烏可恃也(糧遂寧府勸農文)	14	如古之龔黃卓魯者頁民之父母也(諭鼯檄)	
正	4	滕、小國也(孟子)	13	潭北有亭翼然水面者湖心亭也(遊西湖記)	143
中	4	劭、字之伯(范式張劭)	11	亭北突起而齧秀者孤山也(同　　　　上)	

　　（二）補充辭之簡句：句中旣有主格與賓格，其組織已全，而辭意猶有不足者，則加必須之字或辭或句爲之補充以完成其語意者，謂之補充辭之簡句。補充辭有時置於句之中，有時移置主動之前，形似複句而仍屬簡句。亦分及物與不及物兩種。不及物動詞有時意義不能自足，則足以他詞，謂之主格補充辭。及物動詞及其賓格仍有不足者亦得加以補足辭，謂之賓格補足辭。如「望之蔚然而深秀者，琅琊也」（醉翁亭記），此類語句以宋、明古文家及清桐城派爲多。讀之聲調入耳，但不易仿學。又如姚鼐「登泰山記」：「當其南北分者，古長城也」。在補充辭之間有時亦用連詞相聯絡之。如「叩之寺僧，則史公可法也」（左忠毅公逸事）。最短句有五字，最長句二十五字。正中本最多，世界本最少，如下表：

表 6.05　補充辭簡句

書別	字數	最短句	字數	最長句	總句數
商	7	晁小兒、恬若不見(王晁傳)	19	有航船自亞斯賓化爾赴紐約斯克斯開斯一哥在焉(鐙臺守)	112
務	7	客不得已、與偕行(大鐵椎傳)	21	同繫諸翁余生及在獄同官僧某遭疫死皆不應重罰(獄中雜記)	
中	7	其下積霧、色正黑(日觀峯觀日出)	15	祖逖不能清中原而復濟者有如大江(祖狄傳)	114
華	5	不能問、宜也(閱說)	15	今日非速君飲欲少吐胸中不平氣耳(秦士錄)	
世	8	黃神王姓莽之世也(黃溪記)	19	蓋將不至再發生此種事件乃確實可望也(在華會要求廢棄二十一條聲明書)	68
界	8	渥兄弟如此無愧矣(洪渥傳)	15	敵鄉人散於四方受寇奪者所在皆是(寄傳公書)	

正 7	張常客豫遂家焉(張誠)	29	法國民族因興有刻勵沉着拼命讀書之精神終能復其世仇(中央告全國學生書)	129
中 7	訥言其情誠益悲(同上)	21	凡母之衾若棺與凡埋葬之費皆具不知錢所自來也(啞孝子傳)	

　　（三）形容詞簡句：簡句之主、賓格更有複以二重名字，即加兩個或兩個以上之形容詞或形容語申言之者，屬於主格者謂之主格複詞；屬於賓格者謂之賓格複詞。若以各種不同之形容詞直接加於名詞或代名詞上，則可省去連詞。例如，岳飛、字鵬舉、湘州湯陰人也」（岳飛之少年時代）。以其所加之形容詞不同類故也。此類語句以傳記文中最多，記敘文次之。最短句六字，最長句二十四字中。中華本最多，商務本最少。如下表：

表 6.06　形容詞簡句

書別	字數	最　　短　　句	字數	最　　　　長　　　　句	總句數
商	6	淑靜者大姊也(先姚事略)	24	雕刻者以木石金土之屬刻之範之爲種種人物之形象者也(雕刻)	76
務	6	王晁音諸暨人(王晁傳)	20	魏公子無忌者魏昭王少子而魏安釐王異母弟也(魏公子列傳)	
中	8	祖逖字士雅范陽人(祖逖傳)	19	林尹民字靜菴號無我閩之閩縣人意洞族弟也(林尹民傳)	109
華	8	鄭弼字伯弼秦人也(秦士錄)	18	康濟錄者清初錢塘陸曾禹所輯原名救荒譜(康濟錄序)	
世	8	優孟者故楚之樂人也(滑稽列傳)	18	馬韓在西有五十四國其北與樂浪南與倭接(三韓)	85
界	8	優旃者秦倡侏儒也(同上)	18	弁韓在辰韓之南亦有二國其南亦要倭接(同上)	
正	7	武訓山東堂邑人(武訓)	19	劉燮名燦字一飛亦字彝程生以早且故小字且(良農海門劉燮墓碣)	89
中	7	鄒孝子立本蕭人(蘆外尋親)	18	有恆者向一定之鵠的而又無時不進行者也(有恆與保守)	

　　（四）副詞簡句：簡句之主動或及物動詞得加副詞或複讀句，即以一個動詞或形容詞上，加以兩個或兩個以上之副詞或副詞語，以完成本句之意義。其句讀之功用則等於副詞，故謂之副詞簡句。如非同類之副詞加於動詞或形容詞上，則必以連詞聯之。有時亦可以省略。例如：「天雨雪，武臥齧雪與旃毛並咽之。」（蘇武傳）。此類語句以遊記文最多，傳記文次之。最短句四字，最長句二十六字。正中本

最多，商務本次之，世界本最少，如下表。

表 6.07　副詞簡句

書別	字數	最　　短　　句	字數	最　　　長　　　句	總句數
商	4	僧懼挽之(遊黃山記)	13	天雨雪武臥齧雪與旃毛並咽之(蘇武傳)	201
務	4	丁酉下山(峨眉行記)	13	沛中豪傑吏聞令有重客皆往賀(高祖本紀)	
中	5	不勝先斬汝(鄢城之戰)	16	弦翠賊果應聲臥於是無敢執旗招降者（左寶貴死難記）	135
華	7	是進亦憂退亦憂 (岳陽樓記)	16	不爲之記則後孰知其自吾三人者始也(眞州東園記)	
世	7	生玩至暝色返寺（遊雁岩山日記）	26	貴國此次出兵山東聲明理由爲保護該地之日本僑民生命財產(致日本出兵山東抗議)	115
界	7	上聞乃下吏捕解(遊俠傳)	20	吾誓與城爲殉然倉皇中不可落於敵人之手以死(梅花嶺記)	
正	4	記亦泣(勇敢之小學生)	20	故于作翠說以贐其行且邀道滋到酒進翠以爲別(送楊直序)	257
中	5	但食勿言也(張誠)	17	是後復有一救火夫撅往偵之亦躁梯而上（救火之勇少年）	

三、複句

複句中之主格或賓格其動詞、形容詞、副詞可以相當之讀句或辭代之，非儘爲各個之單字。故複句之中或含一個或數個以上之讀句者稱爲複句，可別爲七類。

（一）等立複句：取兩個或兩個以上（本類以兩句爲原則，至三句以上則列爲平連複句）之簡句互相接近或互相聯絡，並列一起，彼此無主從之區別，而列於平等之地位；中間有時加以聯字，或不加以聯字者，謂之等立複句。例如：「始吾以君爲天下之賢公子也，吾乃今然後知君非天下之賢公子也」（魯仲連義不帝秦）。等立複句之兩簡句中最短句五字，最長句四十九字。以商務本最多，世界與正中本次之，中華本最少，如下表：

表 6.08　等立複句

書別	字數	最　　短　　句	字數	最　　　長　　　句	總句數
商	5	謂理也義也(孟子)	22	中國畫家自臨摹舊作入手西洋畫家自描寫實物入手(國畫)	424
務	6	治亦進亂亦進(同上)	27	始吾以君爲天下之賢吾乃今然後知君非天下之賢公子也(魯仲連)	

書別	句數	最短句	句數	最長句	總句數
中華	10	木受繩則直入受諫則聖（勸學）	27	同上	245
中華	11	慾久慾不變愈不可爲愈爲（林尹政傳）	21	始吾以爲天下之難治也今而後知天下之不難治也（尚樸）	
世界	8	事有必至理有固然（辨姦論）	51	幣原男爵昨日在委員會會議中所宜布關於一九一五年五月二十五日中日條約及換文之聲明書中國代表國業已備悉一切（在華會要求廢棄二十一條聲明書）	279
世界	8	遠昔勿論近其如何（祭蔡松坡文）	44	惟日本政府不欲拋棄一九一五年中日條約及換文中之其他各項要求則中國代表國引爲極大之遺憾者也（同上）	
正中	6	事齊乎事楚乎（孟子）	49	故此後中國之時代文化無論若何力邁上游要不能不集往古歷史文化大成之孔子學説爲新文化之基礎（孔子學説與時代精神）	276
正中	8	術其所有急其所無（市糴説）	30	更有儘一分義務而享至百分權利者僅享一分權利而盡至百分義務者（權利與義務）	

　　（二）平連複句：二句以上之簡句謂之連句，乃聯合而成者。平連複句係兩個或兩個以上之簡句平列，中間加以聯詞，或有時省略其聯詞，僅以上下兩句相連，以表示語意之並重或層進，亦復有其下句更與下句相連者，名爲平連複句。例如：「晋飢，秦輸之粟。秦飢，晋閉之糴」（韓原之戰）。有時若干平連複句僅用一聯續詞貫之者，且聯續詞以下格調可微變。如：「爲肥甘不足於口與？輕暖不足於體與？抑爲采色不足視於目與？聲音不足聽於耳與？便嬖不足使令於前與？」（孟子）。亦有一主格而有兩個以上之句身相平者，謂之合併平連複句。例：計人凡七：僧四、客一、童一、卒一。」（核工記）。最短者四句。最長者十四句。平連複句以商務本爲最多，世界、中華本次之，正中本最少，見下表：

表 6.09　平連複句

書別	句數	最　短　句	句數	最　長　句	總句數
商務	5	計人凡七：僧四、客一、童一、卒一、（核工記）	12	太上不辱先，其次不辱身，其次不辱理色，其次不辱辭令，其次詘體受辱，其次關木索被箠楚受辱，其次剔毛髮、嬰金鐵受辱，其次毀飢膚斷肢體受辱，最下者屬刑極矣（報任安書）	318
商務	4	晋飢，秦輸之粟，秦飢，晋閉之糴（韓原之戰）	14	蓋文王拘而演周易，仲尼厄而作春秋，屈原放逐，乃賦離騷，左丘失明厥有國語，孫子臏腳，兵法脩列，不韋遷蜀，世傳呂覽，韓非囚秦，説難孤憤，詩三百篇，大氐聖賢發憤之所爲作也（同上）	

中	4	我為官，不願汝，汝作人莫思我（與友人寓荊濤書）	12	樂止復作，一少女立高隄疾弛，距躍曲踊，作種種舞，時而若輕燕之兩翅掠時而若商羊之一足跳，時而若麗娟之隨風舉時而若綠珠之從高墜，飄乎若飛鶂，矯乎若游龍，迷離怳惚，渺乎其不可狀（觀事利尼馬戲記）	124
華	4	縠帛，衣之貴者也，布褐，衣之賤者也（尚樸）	13	兗州禰神家風氣褒王府，賞菊之日，其桌其坑，其燈，其爐，其盤，其盒，其盆盎，其餚器，其盃鑫，大觥，其壺，其幃，其褥，其酒，其麵食，其衣服花襟，無不菊者（菊海）	
世	4	韓有三種，一曰馬韓，二曰辰韓，三曰弁韓（三韓）	7	吾晉之而聽者難歟？吾唱而和之者難歟，冒無聽也，唱無合也，獨行而無徒也，是非無所與同也，足下知吾心樂否也，（與孟東野書）	142
界	3	樂毅自魏往，劇辛自趙往鄒衍自齊往（論盛孝章書）	12	所以愛民如子者，知其飢而食之焉，知其寒而衣之焉，知其勞苦而逸之焉，知其利而與之與焉，知其害而與之去焉，知其賢而優之焉，知其不肖而擯之焉，四境之內，吾民之好惡，無不知而從之焉，然後可謂愛民如子也（諭屬檄）	
正	4	一曰之志，二曰勸學，三曰改過，四曰責善（教條示龍場諸生）	10	惻隱之心仁之端也，羞惡之心，羲之端也，辭讓之心，禮之端也，是非之心，智之端也，人之有斯四端也，猶其有四體也，（孟子）	104
中	5	四人者盧陵蕭君圭君玉，長樂王回深甫，余弟安國平甫，安上純甫（遊褒禪山記）		攬權者市權，挾勢者市勢，以至市文章，市技藝，市恩，市諂，市詐，市面首，市嚬笑，無非市者，（市醫說）	

　　（三）連貫複句：兩簡句以上一貫相連，不用聯續詞而其意義自相聯續者，謂之連貫複句。如「泰山之陽，汶水之西，其陰，濟水東流。」（登泰山記）。可析為二種：

　　①以一主格直貫者。如「周公相武王，誅討伐奄，三年討其君，驅飛廉於海隅而戮之，滅國者五十，驅虎豹犀象而遠之。」（孟子）。此共六句，僅以一主格周公直貫到底。

　　②兩句或兩句以上，本為共同之主格，省而直貫者，但在貫連之分句內得附屬平連句。如吾以是觀之。非所謂食焉怠其事而得天殃者邪？非強心以智而不足，不擇其才之稱否而冒之者邪？非多行可愧，知其不可而強為之者邪？將富貴難守，薄功而厚饗之者邪？抑豐悴有時，去來之不可常者邪？吾之心憫焉，是故擇其力之可能者行焉。」（圬者王承福傳。）

有時二主格或二主格以上共其句身之句，形似簡句，實爲貫連複句，謂之合併貫連複句。如「宰我、子貢善爲說辭，冉牛、閔子、顏淵善言德行。」（孟子）。有時合併貫連複句其主格與句身之間得加助詞。例如「則」字形似聯續詞，實爲助詞。如「冉牛、閔子、顏淵則具體而微。」（孟子）。

但合併貫連複句其主格之下可加以分合代名副詞。如「子夏、子游、子張皆有聖人之一體。」（孟子）。

總之，凡貫連複句其各句之長短固不必相同，即其主動與被動之句式亦可不一。此類句式最短者四句，最長者二十四句。正中本最多，商務本次之，世界本最少，如下：

表 6.10　貫連複句

書別	句數	最　短　句	句數	最　長　句	總句數
商務	4	泰山之陽汶水西流，濟水東流（登泰山記）	18	讀人類進化之歷史，昔也穴居而野處，今也則有完善之宮室，昔也茹血飲毛食鳥獸之肉而寢其皮，今則有烹飪裁縫之術，昔也束薪而爲炬，陶土而爲燈，今則行之以煤氣及電力，昔也推輪之車剜木爲舟爲小距離之交通，今則汽車及汽舟無遠弗屆，其他一切應用之物，昔粗而今精，昔簡單而今複雜，大都如是。（文明與奢侈）	574
	4	其煩之於水也余亦所知也其成如是形也非余之所知也（遊黃龍山記）	18	嗚乎汝病吾不知時，汝殆吾不知日，生不能相養以共居，歿不能撫汝以盡哀，斂不憑其棺，窆不臨其穴，吾行負神明而使汝夭，不孝不慈而不得與汝相養以生，相守以死，一在天之涯，一在地之角，生而影不與汝形相依，死而魂不與吾夢相接，吾實爲之，其又何尤彼蒼者天，曷其有極（祭十二郎文）	
中華	4	爲之則難亦易矣，不爲則易亦難矣（爲學）	14	然是役也，碧血橫飛，浩氣四塞，草木爲之含悲，風雲因而變色，全國久蟄之人心，乃大興奮，怨憤所積，如怒濤排壑，不可遏抑，不半載而武昌之革命以成，則斯役之價值，直可驚天地，泣鬼神，與武昌革命之役並壽（黃花崗烈士事略）	536
	4	學之則難亦易矣不學則易亦難矣（同上）	12	吾以是觀之非所謂食焉怠其事而得天殃者邪，非強心以智而不足以擇其才之稱否而冒之者邪，非多行可愧，知其不可而強爲之者邪，將富貴難守，薄功而厚饗之者邪，抑豐悴有時去來而不可常者邪，吾之心憫焉，是故擇其力之可能者行焉（圬者王承福傳）	

	字數		字數		總句數
世	4	物類之起，必有所始，榮厚之來必象其德（勸學篇）	16	言論可以自由也，而或乃許發陰私指揮程盜，居處可以自由也，而或於其間爲危險之製造，作長夜之喧囂職業可以自由也，而或乃造作僞由販賣毒物，集合可以自由也，而或流布迷信，惑行奸邪，諸如此類皆退一方面極端之自由，而不以他人之自由爲界，皆放縱之咎也，（自由與放縱）	
界	4	強自取折柔自取來邪穢在身怨之所構（同上）	24	若夫平原易地輕車突騎則匈奴之衆易撓亂也，勁弩長戟射疏及遠則匈奴之弓弗能格也，堅甲利刃，長短相雜，游弩往來什伍俱前，則匈奴之兵勿能當也，材官掘發矢鏃同的，則匈奴之革笥木薦，弗能支也下馬地鬪劍戟相接去就相薄則匈奴之足弗能給也，此中國之長枝也（言兵事書）	516
正	4	禮義廉恥國之四維四維不張國乃滅亡（廉恥）	18	諸生試觀儕輩之中，苟有虛而爲盈，無而爲有，諱己之不能忌人之有善，自矜自是大言欺人者，使其人資稟雖甚超邁，儕輩之中有弗疾惡之者乎有弗鄙賤之者乎，彼固將以欺人，人固遂爲所欺，有弗竊笑之者乎苟有謙默自持，無能自處篤志勵行勤學好問（教條示龍場諸生）	640
中	4	市者龍之所聚京師者又市之所聚也（市龍說）	18	僕與左誠有舊，亦已奉熊尙書之教，馳書止之，其心尙不可知，若其犯順則賊也，僕誠願之於內亦賊也，士君子稍知禮義，何至甘心作賊，萬一有爲此必日暮途窮，飢行而逆施，昔若乾兒義孫之徒，計無復之容出於此，而僕豈是人邪，何執事文織之深也（與阮光祿書）	

（四）主從複句：聯合兩句（本類以兩句爲原則，三句以上如爲表讀者則列入形容複句，如係狀讀者則列入副詞複句。）或三句之簡句並列於一起，彼此有主從之區分，後簡句之句身屬於前句之主格或賓格者，其中加以聯續詞，有時亦可省略其聯續詞者，謂之主從複句。如：「古今文章，代有不同」（論文）。以上兩句雖似等列複句，但二句之組織則分主從關係，前者名爲主句，後者則名爲從句。最短句八字最長句三十五字。商務本最多，世界本最少，如下表：

表 6.11　主從複句

書別	字數	最　　短　　句	字數	最　　長　　句	總句數
商務	8	夫豈多言亦各有志（子產不毀鄉校頌）	35	吾人試一遊巴黎之魯佛爾及盧克遜堡博物院，則希臘及法國之雕刻術可略見一斑矣（雕刻）	536
	8	在周之興養吉乞言（同上）	30	否則人與人相際之學能使各人自學之而自治之，何事而生治人一階級（原法）	

書別	句數	最短句	句數	最長句	總句數
中	8	江出西陵始得平地（貴州快哉亭記）	23	吾於是益恨異族專制之流毒，而使我同胞幾無一人能自由矣（復婁書）	
華	8	靈爽匪遙鑑此精誠（祭中山先生文）	22	欲謀根本之救濟，自以集產農場之經營爲最易收效	223
世	8	各以事牽不可合併（孟東野書）	21	求訪其學於長沙書肆中則無有，因託書買購之吳中（與彼岑論文派韓書）	
界	8	古今文章代有不同（論文）	17	雖緯李銳志復古，而不能革舉世駢體之風（湖南文徵序）	117
正	8	一死一生乃知交情杜（小環傳）	32	吾人既戁然於孔子學說，所以爲博大精深之處及其切於現代民族努力之嚮向	
中	8	子未我忘盍能相及（范式張劭）	32	自帝國主義侵入中國以來，此種種條約，束縛中國，使失其平等獨立自由（廢除不平等條約宣言）	156

（五）形容詞複句：形容詞複句具有形容詞各類之功用。如：「淳于髡，齊人也，博聞强記，學無所主。」（淳于髡）。有時表讀用於全句終了之後，如「浮屠秘演者，與曼卿交最久，亦能遺外世俗，以氣節自高。」（釋秘演詩集序）。此類複句因具有與形容詞相同之功用，故爲叙述或描寫之重要句式，各體文中皆佔主要成分。此種因句式較長，故與補充辭複句不同。最短者三句，最長者十七句。商務本最多，世界本最少，如下表：

表 6.12　形容詞複句

書別	句數	最　短　句	句數	最　長　句	總句數
商	4	費宮人年十六未詳其何地人德容莊嚴（費宮人傳）	17	僕竊不遜，近自託於無能之辭網羅天下放失舊聞略考其行事綜其終始藉其成敗興壞之紀上計軒轅，下至於茲，爲十表，本紀十二，書八章，世家三十，列傳七十凡百三十篇，亦欲以究天人之際古今之變，成一家之言，（報任安書）	726
務	4	淳于髡齊人也博聞强記學無所主（淳于髡傳）	12	天擇者物爭焉而獨存，則其存也必有其所以存，必其所得於天之分自致一己之能，與所遭値之時與地，及凡周身以外之物力，有其相踦相濟爲者，夫而後獨免於亡而足以自立也，而其效觀之，若是物特爲天之所厚，而擇焉以存也者夫是之謂天擇	
中	4	朝玉，字瑛完江南人未詳其縣籍（陳朝玉傳）	10	老人夢魂所縈想者，乃欲見麥馬洪大將軍奏凱歸來嚴軍入城，城中仕女鬧花奏樂。迎之，老人之子，騎馬隨大將軍之後，而老人戎服立窗上，遙對百職之國徽而致敬焉（柏林之圍下）	519
華	4	馮有女曰婉貞，年十九，姿容妙曼而自幼好武術（記馮婉貞事）	10	大小龍口夾壁天穿，鳥足猿崖，只削一縫如大窖層冰，一斧開蕭霖烈走其下者，陰闖冷腥時有龍氣（岱志）	

	句數		句數		總句數
世	4	郭解，軹人也，字翁伯，蓍相人者許負外孫也（游俠傳）	10	足下才氣清高，行古道，處今世，無田而衣食，事親左右無違，足下之用心勤矣，足下之處身勞且苦矣，混混與世相濁，獨其心遺古人而從之，足下之覽其使吾悲也（與孟東野書）	446
界	4	淳于髡者，齊之贅婿也，長不滿七尺，滑稽多辯（滑稽列傳）	9	鄭君，才士也，紀其先人從父以文學科第得名天下，世患艷之，不知其篤於內行乃如此，昔蔡中郎爲東京文宗，世稱崔蔡，曁元山以學授宗人結之文遂洗唐風之陋（闕琰變日圖記）	
正	3	馬援，字文淵，扶風茂陵人也（馬援傳）	5	杜環，字叔循，其先盧陵人，侍父一元游宦江東，遂家金陵（杜小環傳）	527
中	3	范式字巨卿，山陽金鄉人也（范式張劭）	5	郭橐駝，不知始何名，病僂，隆然伏行，有類橐駝者，故鄉人號之曰駝（種樹郭橐駝傳）	

　　（六）副詞複句：副詞複句具有副詞各類之作用。此種複句之副詞句有時用於句中之後，如：「與人焉，以手指畫，若告語者，人或解或不解也。」（瞽孝子傳）。副詞複句各句之長短可以不同，其主動與被動之句亦可不一。有一主格或兩句共同之主格，中間加聯續詞以聯之，同類者則或省略之，而直貫其意。但依副詞之分類，不能盡如其用。如形容方位者，則與名詞句讀無異，應歸於名詞複句中；形容是否者，則與形容情況者無異；至形容未定者亦無不然。最短者有三句。最長者有十八句。商務與中華本最多，正中次之，世界本最少，見下表：

表 6.13　副詞複句

書別	句數	最　　短　　句	句數	最　　長　　句	總句數
商	3	部使者行郡，坐馬上，求見拒之去（王晃傳）	11	人之養鷄也，結草爲墊，使立其上，則足常定而不頗，置米高於其頭，使聳膺高啄，則頭常瞥而嘴利，劆截冠纓使敵無所施其嘴，剪刷毛羽，使臨鬭易於轉旋（鬭鷄）	363
務	3	尋向所至，遂迷，不復得路（桃花源記）	10	時聞離後鷄啼，茅舍鷄塒，遂一一相應，天半偶有鳴鶻，騎兵心神爽然，戰有言明日之戰者，此則吶喊搖旗而前耳，少年熱血，遂爲夜氣所涼，猶潮湧如戰角也。（鐘蠡守）	
中	4	嘗受齊詩意不能守章句乃辭其兄況，欲就邊郡田牧（馬援傳）	11	而或長烟一空，皓月千里，浮光耀金，靜影沈璧，漁歌互答此樂何極，登斯樓也，則有心曠神怡，寵辱皆忘，把酒臨風其喜洋洋者矣（岳陽樓記）	

華	4	就使皆如葬師之言，爲人子者方當哀窮之際，何忍不顧其親之暴露，乃欲自營贏利也(葬論)	12	巡豫於城鑿一二穴，絛梯將至，於一穴中出大木，禾罶鐵鈎鈎之，使不得退，一穴中出一木柱之，使不得進，一穴中出一木，木末罶鐵籠，盛火焚之，其梯中折，梯上卒盡燒死(張巡死守睢陽)	361
世	6	聞歌如哭者，單稔丐，憫焉，索歌，與一飯或一衣(書瞽女丐)	12	每聞將軍奏凱獻捷，報效朝廷，則喜動顏色，傾耳而聽，引席而前，惟恐其言之盡也，或功高而不見諒，道路之口，發爲無稽，則俺掩耳而走，避席而去，靡乎其不願聞也。(爲司徒公與寧南侯書)	
界	8	生子，子殤，夫視若仇，大捶之，失明(同上)	8	如日本以爲一九一五年之協定，係經兩國政府以正式方法簽定，而譬言有學術上及法律上之效力，會議亦不以爭議爲適當，則此九國代表之集會，可謂其目的並在於維持會法之情態，否則當能如美國總統邀請各國參與此次會議書中所言，更變更太平洋及遠東之現在情形，以圖增進各國間之親善。	176
正	4	與人焉，以手指畫，若先語者，人或解或不解(啞孝子傳)	18	適番衆騎馬過，撫之未絕，負至泉飮，逾時始蘇，又以餅餌食之，復起行數十里，見天山富水，洶洶迎來，自念有進死，無退生，褰裳涉之，寒若層冰，中挾砂石，如碗如拳，擊脛骨，痛不可忍，良久得岸，始達吐魯番大道(塞外尋親)	300
中	4	四年之間，奔走不暇，未知明年又在何處，豈懼竹樓之易朽乎(黃岡竹樓記)	18	自余爲僇人，居是州，恒惴之，其隙也，則施之而行，漫漫而遊，日與徒上高山，入深林，窮廻溪，幽泉怪石，無遠不到到則搜草而坐，傾壺而醉，醉則更相枕以臥，意有所極夢亦同趣，覺而起，起而歸(記遊二則)	

　　（七）名詞複句：名詞複句之功用與名詞同，可以爲主、賓格及名詞之所用者皆可用之。如：「自地球初有生物以迄今日，其間孳乳繁殖，蠕者、泳者、飛者、走者、有覺者、無覺者、有情者、無情者、有魂者、無魂者、其種類、其數量、何啻京垓億兆，問今存者幾何矣？」（論合群）。名詞之後有殿以助詞「也」或「者」字者，例：「王無異於百姓之以王爲愛也。」（孟子）。又以制其句身，或介以助詞「之」字而微表示系屬之意者，如：「鳥獸之害人者消」。（孟子）。名詞複句其長短可有不同，其置於句之前後亦可不一。最短者兩句，最長者十七句。商務本最多，中華、正中本次之，世界本最少，見下表：

表 6.14　名詞複句

書別	句數	最　礎　句	句數	最　長　句	總句數
商務	2	『治人與治於人』，一說也（勤工儉學傳書後）	15	東南佳山水，如東西洞庭，陽羨，京口，金陵，吳興，武陵，浙西經天目山，浙東五泄，四明，天臺，雁岩，南海，落迦』皆几案衣帶間物耳（徐霞客傳）	57
	2	『勞心與勞力』一說也，（同上）	11	父慈，子孝，兄良，弟弟，夫義，婦聽，長惠，幼順，君仁，臣忠，十者』謂之人義（禮記禮運）	
中華	3	『泰山不讓土壞，故能成其高』是未到泰山者（岱志）	5	余與李格申甫，黎庶昌純齋，方宗誠存之，王定安林丞』皆從。	29
世界	4	詩所謂善戲謔兮，不爲虐兮』者是也（遊龍山記）	9	然闘中長安樊仲子，槐里趙王孫，長陵商公子，公河郭公仲，太原鹵公孺，臨淮兒長卿，東陽田君孺』雖爲俠而逡巡退讓有君子之風（遊俠傳）	29
正中	2	『邊徼人稀地廣，又無可迄食者』困甚（塞外尋親）	17	自地球初有生物以迄今日，其間孳乳繁殖，蠕者泳者，飛者走者，有覺者，無覺者，有情者無情者，有魂者無魂者，其種類其數量，何啻京垓億兆』問今存者幾何矣（論合群）	29

綜合以上所述，在各種簡句中其句式可分二類：

第一爲簡句：凡句中之主格及其主動詞之不能辨其爲及物或不及物者屬之，此種句數之比例在四部敎科書中爲 3.2、3.1、0、2.1。（表見前）

第二爲不及物與及物簡句：在句中有主格及主動詞而其主動詞爲不及物動詞時名不及物簡句，無賓格。四部書中之比例爲 5.4、1.2、1.1、1.3。倘句中有主格及主動詞之賓格而其主動詞爲及物動詞時，名及物簡句。四部之比例爲 2.1、0.3、0.25、0.31。

此種簡句在三百八十篇中以經書及各子書較多，句較短；在譯文、宣言、或報章等作品中句式最長，難以誦讀與記憶，且減少學者興趣。

在簡句之複成分中分爲四類：

第一爲讀句之簡句：其句以形容詞或副詞爲主格之解釋語，以論說文、傳記文中爲最多，記敘文次之。四部之比例爲 1.5、2.1、1.6、1.4。

第二爲補充辭之簡句：其句中組織已全，而辭意未足；則加辭或

句爲之補充以完成其辭意，聲調彌足令人欣賞。四部之比例爲 1.1、1.1、0.7、1.3。

第三爲形容詞簡句：句中以主、賓格有更以二重名詞形容，申言之以完成其意義。四部之比例爲 0.8、1.1、0.9、0.9。

第四爲副詞簡句：即在單句之主動詞加以及物動詞或副詞或句，以完成其意義者。四部之比例爲。0、0.7、0.6、1.3。

在複句中之七類中：第一爲等立複句，爲合兩個單句而成，而兩單句列於平等之地位。四部之比例爲 0、0.6、0.7、0.7。

第二爲平連複句：爲兩個或兩個以上之簡句，以聯續詞聯接之而列於平等地位者。此等複句以豪放之文筆較多，子書中亦不少。四部之比例爲 3.2、1.2、1.4、1.1。

第三爲貫連複句：爲兩個以上之簡句一貫相聯，不用聯續詞而其意義自相聯貫者。以論說文中爲最多，學者多讀之，則舉筆無枯燥之感，且辭能達意。四部之比例爲 5.7、5.4、5.2、6.4。

第四爲主從複句：爲兩簡句並列於一起，但有主從之分者；不能區分爲兩句。四部之比例爲 5.4、2.2、1.2、1.6。

第五爲形容詞複句：爲兩個以上之簡句或形容詞之句讀之複句，其功用等於形容詞。四部中之比例爲 7.2、5.2、4.5、5.3。

第六爲副詞複句，爲聯合兩個以上之簡句或副詞之句讀之複句，其功用等於副詞。四部之比例爲 1.2、1.2、0.6、0。

第七爲名詞複句，其功用與名詞相同。四部之比例爲 6.0、3.0、1.0、3.0。

第二十六節　從教科書中所發現之事實

自四部初中教科書中由分析文言文之結果，所發現之事實，綜合言之，有下列各點：

（一）在簡句中以四字句爲最多，佔 7.8 %；五字句次之佔 4.26

%，六字句又次之，佔 4.08%；七字句佔 2.85%；八字句佔 3.27%；八字以上者其百分數逐漸減少。可知四字句便於誦讀，易於記憶。至於單句複成分則近於複句，句之長短與字之多寡不同，故不能表出，茲姑將單句圖示於下：

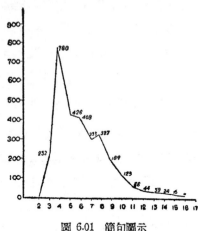

圖 6.01　簡句圖示

（二）在四部教科書中商務本文言共 125 篇，中華本 111 篇，世界本 106 篇，正中本 133 篇，平均爲 111.8 篇。其比例爲 0.26、0.23、0.22、0.29；以正中本爲最多。論說文以商務本最多，佔全體 36.8%；記叙文以中華本最多，佔 39.6%；傳記文以商務及中華本最多，佔 21.6%，書牘以世界本爲最多，佔 29.14%；序跋文以正中本最多，爲 9.0%；哀祭文以世界本最多，爲 5.64%；可見各種版本對於教材之選擇並無一定之標準。

表 6.15　四部教科書文言文文體分配表

文體＼書別 統計	篇	數		
	商務	中華	世界	正中
論　說	46	28	25	40
記　叙	38	44	22	36
傳　記	27	24	10	20
書　牘	3	6	31	17
序　跋	5	8	9	12
哀　祭	4	1	6	2
碑　誌	1	0	1	3
頌　贊	1	0	0	1
辭　賦	1	0	1	1
總　數	125	111	106	133

（三）四部教科書中單句總數之比例爲 5.3、2.3、1.2、1.9。商務本最多，中華次之，世界本最少。其單句複成分之總數比例爲 5.3、5.7、4.3、6.2。以正中爲最多，中華次之，世界本最少。其複句總數之比例爲 6.0、4.1、3.2、4.1，以商務本爲最多，世界本爲最少。

（四）四部教科書選材互相重複者共有七十五篇。以記敘文最多，計二十三篇；論說文次之，計二十一篇；傳記文又次之，計十三篇；序跋文八篇；書牘及哀祭文各四篇；碑誌文最少，僅有一篇。其互見次數多至四次者一篇；三次者十一篇；二次者六十一篇。

（五）上述事實爲吾人就四部課本予以客觀之臚述，其優劣之互見至爲明顯。於此並不作任何斷論，僅供編纂者之參考而已。

第七章　中學國文教材

第二十七節　研究之目的與範圍

研究之目的

　　我國近代教育思想既承襲清初黃宗羲、顧炎武等之所謂「經世之道，學以致用。」之說；復接受泰西之「為學問而學問，人格培育。」之主張。遂使一般教者與學者均徘徊躑躅於歧路，而莫衷一是。第以融和之觀點視之，則二者形雖似有涇渭之分，而實係互為表裏，並非大相逕庭者也。衡諸心理學之概念：前者蓋特殊能力之作育；而後者則不啻一般人格性向之陶鑄。二者之相互體用，實係教育之最高理想也。

　　顧民國肇立、學制維新以來，自沿襲既久之四書五經教育一變而為今日之綜合教育。其科目之分化繁多固不待言，箇中令人尤滋困惑者殆即國文教學問題。蓋其他各種科目率有一定之標準與進程，教者自可按部而就班，學者亦得循序以衍進；獨國文則不之然。坊間歷來編售之課本雜具並陳，編者皆獨具慧眼，各有心得；其內容更覺五光十色，實足令人目眩神移。僅就選文之表現而論：以文言言，則經、史、子、集，兼收並蓄；駢、散、詩、詞，網羅無遺。以白話言，則有宋、明之語錄體，紅樓、西遊之古白話體，以及現有之歐化、文白夾雜、普通、大眾等體。此種情形，教者之孰取孰舍已感無從；學者之前路茫茫、何由而適之？當可想擬矣。此今日一般國文程度之日趨低落、每下愈況之主因也。

　　夫教學成功之道恒在人、事之配合。「人」者包括教者之修養、造詣與夫學者之穎悟、努力等；而「事」者則泛及一切環境之因素，舉凡教學之方式、學習之原則、學習之情境與夫教學之材料莫不屬之。且教材之於教學，猶原料之於產製也。苟無完美之教材，而冀收優異

之敎學效果，則不啻索枯肆之魚也。至於國文敎育之目的究在於陶冶，
性情、培養人格耶？抑在於傳情達意、文字運用耶？亦感言人人殊。
而此者亦問題之一癥結也。而自學習階段言之：小學爲奠基時期，此
時智慧與學習能力尚未成熟，自不能期之過切；而大學則爲學術硏究
時期，其硏究工具之磨治已無暇及矣。唯中學時期，其智慧與學習能
力均漸臻成熟，且爲一承上啓下之樞紐階段，其重要性當推第一。其
間之得失誠關乎終身敎育之成敗也。鑒於前述國文敎材之駁雜，實有
待於科學之硏討修訂，期其能副一般之需要而後可，此本硏究之動機
也。而敎材之確定，俾敎者得以因勢而利導；學者乃能亦步而亦趨。
庶不致「盲人瞎馬，夜半深池。」夫然後水準可望乎提高，敎育之目
的庶幾乎達成，此本硏究之目的也。

硏究之範圍

　　對於中學文白能力之比較硏究以及中學國文理解之深度硏究業經
探討，而獲若干結論如前。吾人須知國文敎材之確定必有上述之硏究
爲其基礎。就學習原理而言，學習之難度宜適乎其中：過難，則動機
易於減退；殊易，則進步難以蠡測。一般中學國文敎本皆包括文言與
白話兩種文體，而中學生對於兩者之學習能力　有若何差異？且一般
中學生對於國文之學習，其理解深度究能及於何種地步？此諸種種均
爲確定敎材之先決問題。唯已硏討在先，非本章範圍所屬也。然其若
干結論對於本章之硏究將有種要之參考功用也。

　　其次，學習之興趣與夫學習的鵠的（需要）均爲影響學習成功之
因素，而確定敎材之要旨亦非期其敎學之成功也。故此二者之硏討與
敎材之確定關係至切，爲本章範圍之所在也。復次，敎學之目標影響
於敎學之後果者彌亘，衡諸一般事理亦然。如八年抗戰，舉國皆有一
「抵禦外侮，還我河山。」之崇高目標；夫然後群策群力、一心一德，
循此目標而奮鬪，終於獲得最後勝利。又如此次反共抗俄戰爭，凡屬
自由國家莫不同仇敵愾，咸以滅此朝食爲職志；此所以無分畛域，勠

力同心形成今日之不可抗拒之力量。而他日之成功將仰賴於今日之有一「救人類於危亡，挽和平於累卵。」之莊嚴神聖之目標也。同理，欲期敎學之成績美滿，亦必先有一正確、合宜之目標，此亦爲本研究範圍之一。對此吾人將就歷來政府所頒之法令以及過去得失之經驗有所權衡，用供今後中學國文敎材編訂之商榷參考。

　　唯有進者，前此無論文白能力、抑理解深度之研究，均嘗就「略讀」與「精讀」二者比較論述；且過去一般之研究此項問題者咸有「略讀」與「精讀」之分。而泰西之研究亦均依此分類，所謂「略讀」卽 extensive reading；所謂「精讀」卽 intensive reading 是。曾國藩家書中誘其子讀書之道所提示之「看、讀、寫、作」四者，其「看」者蓋吾人所謂之「略讀」；而「讀」者則吾人所謂之「精讀」也。其詮釋頗足可取，茲錄之於後：

　　『……看者，如爾去年看史記、漢書、韓文、近思錄，今年看周易折中之類是也。讀者，如四書、詩、書、易、左傳諸經，昭明文選，李、杜、韓、蘇之詩，韓、歐、曾、王之文，非高聲朗誦，則不能得其雄偉之概；非密咏恬吟，則不能探其深遠之韻。譬之富家居積：看書，則在外貿易，獲利三倍者也；讀書，則在家愼守，不輕花費者也。譬之兵家戰爭：看書，則攻城略地，開拓土宇者也；讀書，則深溝堅壘，得地能守者也。看書與子夏之日知所亡相近；讀書與無忘所能相近，二者不可偏廢。……』

曾氏經驗之語與吾人科學研究誠可謂不謀而合，其譬喻尤能中肯，耐人玩味；此所以一般國文敎材之編訂乃皆有「略讀」與「精讀」之分矣。

　　夫科學之研究重質而不重量，其一得之愚每能推而廣之，儼爲不移之理；卽吾人『擧一反三』之謂也。是以一般研究每將問題範圍縮小，使其癥結簡顯，如此則問題精華、精力薈集，遂可一鼓得之也。而泰西之所謂 "Narrow down" 殆卽斯旨耶？筆者從事本題之研究要

亦本此，僅就「精讀」方面深入探討，至若「略讀」方面與夫課外閱讀等均爲題外附末。倘「精讀」研究之結論苟能一以貫之，而有概化作用者，則筆者幸甚！國文教育幸甚！

本章主要參考資料爲拙著十年來中學文白實驗結果之比較研究（載於教育心理學論叢，中華書局，民國二十五年八月。）及民國三十年國立西北師範學院。師範研究所，教育學部，賈則復君候選碩士論文——中學國文精讀教材中之調查研究。賈君斯作係由教育部委託筆者審閱，乃得先睹；其對問題之分析尙稱詳盡，惜少心理學之理論基礎也。其學生興趣調查與夫敎者意見詢問頗有可取，而本研究得力於此者亦復不少。筆者謹向賈君表示謝忱！

從上所述，則本章研究範圍之梗概可得略見矣。

第二十八節　學生之興趣與需要

學生之興趣

賈君所作關於學生興趣之調查所涉頗廣，其設計似嫌瑣碎而缺少一系統；筆者就其重要而可用者提述如下：

（一）發表方面

就初、高中學生對於二種體式之白話、三種體式之文言調查其寫作之興趣，一一列表如下：

表 7.01　初中學生寫作白話文之興趣

性別	興趣程度	寫作淸晰	普通之白話	寫作詩	歌小說
		次數	%	次數	%
男	1	17	48.57	10	28.57
	2	7	20.00	14	40.00
	3	7	20.00	5	14.29
	4	2	5.71	4	11.43
	5	2	5.71	2	5.71

性別	次數	次數	%	次數	%
女	1	6	75.00	2	25.00
	2	1	12.50	2	25.00
	3	1	12.50	3	37.50
	4			1	12.50
	5				
總計	1	23	53.49	12	27.91
	2	8	18.60	16	37.21
	3	8	18.60	8	18.60
	4	2	4.65	5	11.63
	5	2	4.65	2	4.65

表 7.02　初中學生寫作文言之興趣

性別	興趣程度 次數及%	寫作像報紙上一般之文言		寫作像唐宋八家之古文		寫作像周秦諸子或經書之文章	
		次數	%	次數	%	次數	%
男	1	12	32.43	6	16.67	2	5.71
	2	6	16.22	4	11.11	4	11.43
	3	4	10.81	8	22.22	4	11.43
	4	7	18.92	5	13.89	5	14.29
	5	8	21.62	13	36.11	20	57.14
女	1						
	2						
	3	5	62.50			1	12.50
	4	3	37.50	4	50.00	4	50.00
	5			4	50.00	3	37.50
總計	1	12	26.67	6	13.64	2	4.65
	2	6	13.33	4	9.09	4	9.30
	3	9	20.00	8	18.18	5	11.63
	4	10	22.22	9	20.45	9	20.93
	5	8	17.78	17	38.64	23	53.49

表 7.03　高中學生寫作文言之興趣

性別	次數及興趣程度	寫作清晰普通之白話		寫詩作歌小說	
		次數	%	次數	%
男	1	9	40.91	6	25.00
	2	8	36.36	7	29 17
	3	3	13.64	3	12.50
	4	1	4.54	5	20.83
	5	1	4.54	3	12.50
女	1	5	45.45	6	60.00
	2	4	36.36	3	30.00
	3	2	18.18	1	10 00
	4				
	5				
總計	1	14	42.42	12	35.29
	2	12	36.36	10	29.41
	3	5	15.15	4	11.76
	4	1	3.03	5	14.71
	5	1	3.03	3	8.82

表 7.04　高中學生寫作文言之興趣

性別	次數及興趣程度	寫作像報紙上一般之文言		寫作像唐宋八大家之古文		寫作像周秦諸子或經書之文章	
		次數	%	次數	%	次數	%
男	1	10	40.00	4	16.67		
	2	10	40.00	4	16.67	1	4.17
	3	2	8.00	4	16.67	2	8.33
	4	3	12.00	10	41.66	7	29.17
	5			2	8.33	14	58.33
女	1			2	18.18	2	18.18
	2	1	9.09	1	9.09		
	3	5	45.45			1	9.09
	4	2	18.18	1	9.09	2	18.18
	5	3	27.27	7	63.64	6	54.55

總	1	10	27.78	6	17.14	2	5.71
	2	11	30.55	5	14.29	1	2.86
	3	7	19.44	4	11.43	3	8.57
計	4	5	13.89	11	31.43	9	25.71
	5	3	8.33	9	25.71	20	57.14

表中興趣程度一欄：1 表示最感興趣

　　　　　　　　　2 表示次感興趣

　　　　　　　　　3 表示興趣平常

　　　　　　　　　4 表示興趣頗少

　　　　　　　　　5 表示毫無興趣

以下吸收能力之興趣程度亦仿此。

　　就初中學生而言：白話方面四十三人中對寫作清晰普通之白話最感興趣者約佔百分之五十三；對寫作詩歌小說最感興趣者約佔百分之二十八。如將 1、2 兩級合計，則前者約為百分之七十二；後者約為百分之六十四，亦是前者多於後者。文言方面四十五人中對於三種體式言文之寫作最感興趣之程度則不似白話之一致，其百分比最大者當推第一種之百分之二十七也。後兩種則均以興趣毫無者佔較大比數。從表中尚可發現一事實，即女生不喜寫作文言之程度尤甚於男生。若純就男生而言之，其寫作喜好之程度似依種、依級而遞減。

　　就高中學生而言：白話方面其情形仍如初中，第一種 1、2 兩級之合計為百分之七十九；第二種則約為百分之六十五。唯就男女分而言之，則大不相同。1、2 兩級合計：對於第一種男生約計百分之七十七，女生約計百分之八十二。對於第二種男生約計百分之五十四，而女生則為百分之九十。是男女學生對於第二種寫作之興趣迥然懸殊矣。文言方面與初中不同者，即興趣業已提高矣。其中尤以第一種為甚，此在初中 1、2 兩級合計不過百分之四十，而在高中則增至百分之五十八矣。而女生對此興趣之提高則不若男生。三種文言之比較，第一種以下興趣遞減，男女比較，則女生對於文言寫作之興趣甚低，此與初中之所同也。

　　從此種寫作興趣之調查，吾人對於教學可由而取長補短，俾使學者得以平均發展。如果再抽樣本以比較之，當更富價值矣。而此種研究結果對於教材之選編亦具參考價值也。

（二）吸收方面

如前設計而得對於閱讀興趣之資料如下：

表 7.05　初中學生閱讀白話之興趣

性別	興趣程度	閱讀清晰之普通白話		閱讀詩歌小說	
		次數	%	次數	%
男	1	17	45.95	16	47.06
	2	12	32.43	9	26.47
	3	7	18.92	3	8.82
	4	1	2.70	5	14.71
	5			1	2.94
女	1	4	50.00	2	28.57
	2	4	50.00	4	57.14
	3			1	14.29
	4				
	5				
總計	1	21	46.67	18	43.90
	2	16	35.55	13	31.71
	3	7	15.56	4	9.76
	4	1	2.22	5	12.19
	5			1	2.44

表 7.06　初中學生閱讀文言之興趣

性別	興趣程度	閱讀像報紙上之一般文言		閱讀像大家之古文八		閱讀像周秦諸子或經書之文章	
		次數	%	次數	%	次數	%
男	1	17	45.93	11	29.73	1	2.94
	2	13	35.13	10	27.03	4	11.76
	3	4	10.81	7	18.92	8	23.53
	4	3	8.11	4	10.81	12	35.29
	5			5	13.51	9	26.47

性別	次數程度	次數	%	次數	%	次數	%
女	1	1	12.50				
	2	2	25.00				
	3	2	25.00	1	14.28	1	14.29
	4	3	37.50	3	42.86	2	28.57
	5			3	42.86	4	57.14
總計	1	18	40.00	11	25.00	1	2.44
	2	15	33.33	10	22.73	4	9.76
	3	6	13.33	8	18.18	9	21.95
	4	6	13.33	7	15.91	14	34.14
	5			8	18.18	13	31.71

表 7.07　高中學生閱讀白話之興趣

性別	興趣程度及次數% 項目	閱讀清晰之普通白話		閱讀詩歌小說	
		次數	%	次數	%
男	1	7	28.00	9	36.00
	2	9	36.00	10	40.00
	3	6	24.00	4	16.00
	4	2	8.00	2	8.00
	5	1	4.00		
女	1	4	36.36	8	80.00
	2	3	27.27	1	10.00
	3	2	18.18		
	4	2	18.18		
	5			1	100.00
總計	1	11	30.55	17	48.57
	2	12	33.33	11	31.43
	3	8	22.22	4	11.43
	4	4	11.11	2	5.71
	5	1	2.78	1	2.86

表 7.08　高中學生閱讀白話之興趣

性別	次數及興趣程度 %	閱讀像報紙上之一般文字		閱讀像大家之古文		閱讀像周秦諸子或經書之文章	
		次數	%	次數	%	次數	%
男	1	10	40.00	7	28.00		
	2	7	28.00	6	24.00	5	20.00
	3	4	16.00	8	32.00	5	20.00
	4	4	16.00	3	12.00	12	48.00
	5			1	4.00	3	12.00
女	1	2	18.18	4	36.36		
	2	2	18.18	1	9.09	2	20.00
	3	5	45.45	1	9.09	1	10.00
	4	2	18.18	3	27.27	3	30.00
	5			2	18.18	4	40.00
總計	1	12	33.33	11	30.55		
	2	9	25.00	7	19.44	7	20.00
	3	9	25.00	9	25.00	6	17.14
	4	6	16.67	6	16.67	15	42.86
	5			3	8.33	7	20.00

就初中學生而言：閱讀白話對於第一種，四十五人中約有百分之四十七最感興趣；對於第二種，四十一人中則約為百分之四十四，是後者之興趣略低。如 1、2 兩級合計，則前者更高矣。就男女分別觀之；女生之興趣比較集中；男生之興趣則比較分散。女生對於第一種白話之興趣無在 3、4、5 級者，對於第二種無在 3、4 級者；男生對於第一種僅無在 5 級者，對於第二種則各級均有矣。文言方面閱讀興趣在第一種中 1、2 兩級合計，約為百分之七十三也，此較其他二種為高，男女分言之：對於第一種 1、2 兩級合計，女生僅約百分之三十八；而男生則多至百分之八十一。對於其他兩種男生之興趣固係遞減，而女生尤甚。就表示興趣程度之人數言之：第一種四十五人，第二種四十四人，第三種四十一人，是亦興趣遞減之故。

　　就高中學生而言：白話方面 表示興趣程 度之學生第一種三十六人，第二種三十五人。高中學生閱讀白話之興趣與初中不同。蓋1、2兩級合計：初中對於第一種約爲百分之八十二，而高中則減爲百分之六十四；初中對於第二種約爲百分之七十五，而高中則增至百分之八十一矣。而男女興趣之差異尤甚顯著。文言方面高中學生閱讀之興趣，對於第一種 1、2 兩級合計約爲百分之五十八，較初中降低甚多；而第二種約計百分之五十，較初中則略略增高矣。女生對於第二種在初中 1、2 兩級合計爲零，而在高中則約爲百分之四十五，其差異不可謂不大矣。蓋在初中彼等對於八大家之古文尙鮮所了解，而在高中已略能了解欣賞之矣。至於第三種文言，由初中至高中，其興趣無甚增加也。

　　從上述之閱讀興趣調查中吾人得知學生興趣之所在，則教材選編雖非卽以之爲轉移；然爲不悖學習原理計，當亦不能漠然視之，背道而馳也。且此種事實之揭示對於敎者或已有若干助益。

　　（三）文體方面

　　復如前將文體分爲抒情、叙述、描寫、說明、議論而得資料如下：

表 7.09　初中學生對於文體之興趣

性別	興趣程度	抒情文 次數	%	叙述文 次數	%	描寫文 次數	%	說明文 次數	%	議論文 次數	%
男	1	16	43.24	8	22.22	19	52.78	4	11.11	10	27.03
	2	11	29.73	14	38.89	8	22.22	7	19.44	6	16.22
	3	5	13.51	10	27.78	7	19.44	9	25.00	12	32.43
	4	3	8.11	3	8.33	1	2.78	14	38.80	7	18.92
	5	2	5.41	1	2.78	1	2.78	2	5.56	2	5.40
女	1	4	50.00	2	25.00	4	50.00	1	12.50		
	2	1	12.50	1	12.50	2	25.00	3	37.50	3	37.50
	3	2	25.00	4	50.00	2	25.00	3	37.50	4	50.00
	4	1	12.50	1	12.50			1	12.50	1	12.50
	5										

		次數	%	次數	%	次數	%	次數	%	次數	%
總	1	20	44.44	10	22.73	23	52.27	5	11.36	10	22.22
	2	12	26.67	15	34.09	10	22.73	10	22.73	9	20.00
	3	7	15.56	14	31.82	9	22.45	12	27.27	16	35.56
計	4	4	8.88	4	9.09	1	2.27	15	34.09	8	17.78
	5	2	4.44	1	2.27	1	2.27	2	4.55	2	4.44

表 7.10　高中學生對於文體之興趣

性別 文體／次數及%／興趣程度		抒情文		叙述文		描寫文		説明文		議論文	
		次數	%	次數	%	次數	%	次數	%	次數	%
男	1	13	52.00	2	8.00	10	40.00	6	24.00	13	54.17
	2	6	24.00	14	56.00	5	20.00	10	40.00	5	20.83
	3	2	8.00	6	24.00	7	28.00	3	12.00	3	12.50
	4	3	12.00	3	12.00	2	8.00	6	24.00	3	12.50
	5	1	4.00			1	4.00				
女	1	10	90.91	2	18.18	2	20.00	1	9.09	3	30.00
	2			7	63.64	3	30.00	3	27.27	1	10.00
	3	1	9.09	2	18.18	3	30.00	3	27.27	4	40.00
	4					2	20.00	3	27.27	1	10.00
	5							1	9.09	1	10.00
總	1	23	63.89	4	11.11	12	34.28	7	19.44	16	47.06
	2	6	16.67	21	58.33	8	22.86	13	36.11	6	17.65
	3	3	8.33	8	22.22	10	28.57	6	16.67	7	20.59
計	4	3	8.33	3	8.33	4	11.43	9	25.00	4	11.76
	5	1	2.78			1	2.86	1	2.78	1	2.94

　　初中學生總數依各項順序爲 45、44、44、44、50，高中則各爲 36、36、35、36、34。由兩表觀之，高、初中學生對於抒情文多感興趣，高中學生尤如此。初中學生對於叙述文興趣較少；高中雖略高，然興趣亦在其次。是或因課本所選叙述文較乏味耶？初中學生對於描寫文較感興趣，而高中則次之。至於說明文與議論文高中均較初中有興趣，尤以議論爲然。女生對抒情文尤有偏好。

　　（四）教材內容方面

賈君對此嘗就時代之剖析、人生觀、學生生活、品德修養及知識增益五類而作興趣調查，其資料頗嫌繁瑣，於此無庸提述。總之，吾人可知學生之興趣所在大半與陶冶自己之品格有關，此與教育之目的相合矣。一般對於愛護國家、服務紀律、貧苦階級之生活、有氣節道德之人物等教材均感興趣。高中學生興趣多注於吸收社會科學知識，而青年生活則爲一般興趣之所在。

此外，對於教材之難易、形式、風格、篇幅、詞類、句型等之興趣問題，無論初高各中、男女各生莫不各有異趣，而難盡相同；則編者、敎者每每有顧此失彼之感。此則有賴於更周詳之設計與更廣泛之調查，從統計上求所適從也。

綜上所述，可得數點結論如下：

一、就發表方面而言：初中學生之白話寫作之興趣多在普通清晰之白話文；文言則喜寫作如報紙上一般之文章。以白話與文言比較，其興趣則側重白話。高中學生之寫作興趣在白話方面與初中略同，在文言則有過之。以男女生比較而言，二者之興趣略有出入，女生尤不喜文言之寫作。

二、就吸收方面而言：初中閱讀白話之興趣以普通清晰之白話文略高。女生之興趣比較集中，男生之興趣比較分散。文言則以喜好閱讀如報紙上一般之文章者爲多。男女之差異甚大。高中閱讀白話之興趣則轉向詩歌小說之類；文言則喜好八大家之古文者之比數增加。男女生之差異甚爲顯著。

三、就文體方面而言：對於抒情文高、初中學生均感無趣，高中尤如此。對於敘述文高、初中學生均感無趣，初中尤如此。初中學生對於描寫文較感興趣，而高中則次之。說明文與議論文則高中較初中有興趣。女生對抒情文尤有偏好。

四、敎材內容方面：一般興趣之所在大半爲其陶冶自身品格者有關。對於青年生活方面皆有興趣，而高中方面興趣漸注於知

　　　　識增益方面，尤以吸收社會科學知識爲最。

五、對於教材之難易、形式、風格、篇、詞類、句型等之興趣尚
　　待進一步之設計與調查。

六、綜上可知興趣調查之研究匪特有助於教者之施教，且可供編
　　者選編教材之參考。

學生之需要

　　雖然中學國文教育之目的非僅在語文知識之授受，而以培養一完
善人格爲最高理想；然語文之運用仍爲不可忽視者。從學校而步入社
會，始知語文運用之需要與困難，此所以有『書到用時方恨少，事非
經過不知難。』之言也。是以教育部亦嘗屢就高、初中各階段規定一
教學應達之程度。復證諸學習原理，動機與學習效果之關係至切，而
需要卽動機也。是故教材之編選不可不注重需要問題也。

　　賈君仍就如前之設計而調查若干初、高中畢業生服務於社會者，
亦就發表、吸收、文體三方面之需要調查統計之，惜其人數過少，未
足範示。唯從之亦可約略看出若干定象，茲歸納如下：

一、發表方面之需要

　　初中畢業者對於白話寫作之需要以報紙上一般普通請晰之白
　　話爲多，而文言之寫作能力之需要亦以報紙上一般之文言佔
　　最大百分比。高中畢業服務於社會者對於白話寫作以及文言
　　寫作能力之需要亦然。

二、吸收方面之需要

　　初中白話閱讀能力之需要以讀懂詩歌小說之白話佔大比數，
　　而文言則以讀懂唐、宋八大家之文章所佔之比數較大高中。
　　畢業服務於社會者所需文、白之閱讀需要之情形與初中大致
　　相同。

三、不同文體之需要

　　從初、高中畢業而服務於社會者對於各文體之需要調查綜合

　　歸納：論說文居第一級，敘述文居第二級，抒情文居第三級，描寫文居第四級。

　　從上所述，則吾人編選國文敎材不可不注重學生之需要問題，且敎者之施敎倘有此爲繩準，亦易收事半功倍之效也。

第二十九節　教材之選編

　　研究之目的與範圍旣如前述，本研究又嘗就學生之興趣與需要作一檢討，復就歷來政府所頒法令及敎者、學者之意見對中學國文敎育有一商榷，則最後問題當屬敎材之選編矣。固然，前二節之內容或尙有未足，唯格於事實、環境之限制，若干實驗研究不克盡如預定計劃以擧行之；然一般必要之大前題業已昭揭，今後中學國文敎材之選編倘能循此而行，當不致漫無頭緒矣。吾人於提頁選編標準前尙須就若干先決問題作一討論，則選編標準之擬定將更有繩墨可循也。

先決問題

　　（一）敎材之難易

　　筆者於民國二十三年十二月曾撰「十年來中學文白實驗結果之比較研究」一文，載於教育雜誌二十四卷四期；對此問題曾經研究分析而獲有若干結論。茲摘錄於次：

　　屬於文言方面者

　　1. 須純粹理解者

　　2. 文字穿揷經熟讀後始能了解者

　　3. 除文字之閱讀習慣外專事記憶者

　　前二者較難，而後一者較易。

　　屬於白話方面者

　　1. 白話文中含有文言文者

　　2. 原文上敘述事實極其簡短者

　　3. 文字穿揷非經熟讀不能了解者

4.原文上敘述事實用純粹之白話者

5.原文上對於事實曾經反覆敘述者

前二者較難而後三者較易。

由此可知文言文或白話文同一篇內尚有難易之別，況許多不同之文言文與白話文耶？其詳請參閱拙著敎育心理論叢（中華書局二十五年八月）。

而古今學者如劉勰、兪樾、劉知幾、唐順之、王國維、胡適之等對於文章之難易皆各有獨見，唯率自主觀經驗而論。吾人既以科學研究入手，當不必贅述矣。筆者三十餘年對此問題之研究結果迭經發表，大體有一致之趨勢，僅細節有所增益耳。茲歸納如下：

1.根據實驗之結果，文言文確較白話文爲難。

2.根據敎育部統計，小學畢業不盡升入中學；而極少數由中學升入大學。

3.根據心理實驗之結果，人類智慧之差異甚大，國學專責可由少數人負之，非所期之於一般中學生也。

由此可得數點意見如次：

一、中學國文敎材應由易至難，故其始宜白話多於文言，漸至文白參半，而最後文言多於白話。

二、從升學率言之，升入大學專門研究者既少，則對於一般中學生國文敎材取材不宜過難，應以通俗實用爲主。

三、自智慧差異言之，對於一般中學生不宜多予訓詁艱晦之國學文章。

（二）敎材之比例

所謂比例，係指語文及文體之分配

①語文分配

中學國文敎材中白話與文言之分配，敎育部曾定有標準：在初中一、二、三年級各爲七與三、六與四、五與五之比（民國十八年）；

在高中一、二、三年級各爲三與七、二與八、〇與十之比（民國二十九年）。此種比數係依難易程度而定，一般敎者均能接受。

②文體分配

國文敎材中各種文體之分配比率，敎育部亦曾擬定，至於其適當與否，自有斟酌之必要。買則復君將一般文體略分爲記叙、說明、議論、抒情四大類，而就詢問若干資深之敎師所得意見與部定者比較，兹錄其表如下：

表 7.11　敎者所擬文體百分比與部定者之比較

類別	年級	記　叙		説　明		議　論		抒　情	
		敎擬	部定	敎擬	部定	敎擬	部定	敎擬	部定
初中	一	66	70	21	20			13	10
	二	34	20	42	60	10	10	14	10
	三	21	20	29	30	29	30	21	20
高中	一	50	60	17	15	17	15	16	10
	二	18	10	40	60	23	20	19	10
	三	19	20	21	20	40	40	20	20

敎者所擬較部定者在高、初中一、二年級，記叙，說明兩體之百分比均有增減，抒情文均有增加。此種變更頗屬重要。蓋按年着重某體固無可非議，惟偏重過甚，則敎者、學生均感厭倦矣。部定之記叙、說明兩體之百分比在高、初中一、二年級均有是弊。至於抒情文，一、二年級時過少，亦不適當。

綜上可得：

一、語文之比例，部定者尚無不當；唯若干敎者認爲初一宜全授白話，此尚待研討。實則根據吾人之研究初中一應全習淺近之文言文也。

二、部定之文體比例容有不合，宜多方徵詢敎者、學生之意見而修訂之。

（三）教材之數量

　　每學期教學之數量為一有待商榷之問題。教育部雖曾就作業時間擬有定量之標準；唯國文教學伸縮性頗大，吾人宜知過猶不及，倘能得一適當之數量，則不唯教者應付從容，且學者亦不致力有未逮或精力過剩也。此則仰賴於科學之設計與分析焉。筆者過去所作閱讀，背誦等之長度研究性質與此類同，唯一般教材之此種研究尚告闕如。於此願引述買則復君所作之研究，用供參考。

　　買君就每小時所能教學之字數分為「最短度」、「最長度」、「適當度」三種。「最短度」者，短於此，則不足一小時內之教學矣。「最長度」者，長於此，則一小時不敷教學矣。而「適當度」經研究則與「最短度」同焉。茲將其統計摘列如下：

表 7.12　各學年白話精讀選文之長度

高初 初別　長度（字數）項別　學年	一	二	三
初中　最　短　度	433	500	571
最　長　度	1,299	1,500	1,713
適　當　度	475	593	883
高中　最　短　度	583	700	750
最　長　度	2,332	2,380	3,000
適　當　度	1,125	1,750	1,750

表 7.13　各學年文言精讀選文之長度

高初 初別　長度（字數）項別　學年	一	二	三
初中　最　短　度	275	319	393
最　長　度	825	957	1,179
適　當　度	275	319	393

高中	最短度	400	483	550
	最長度	1,600	1,932	2,200
	適當度	450	625	1,008

賈君復就各學年每週精讀時數與教者所擬實際需要時數比較如下：

表 7.14　部定每週精讀教學時數與教者所擬之比較

時數項別	初　　中			高　　中		
	一	二	三	一	二	三
部　　定	乙4甲6	3	3	3	甲2乙4	甲2乙4
教　　擬	乙4甲6	4	4	4	甲3乙5	甲3乙5

至於各學年所選字數之研究，每學年上課約計四十週，以四十乘各學年教學時數，即為各學年之總時數。按照民國二十九年部定之語文比例：分總時數為二部分，一為教學白話文時數，一為教學文言文時數。然後以教學白話文時數乘以每時可以教學之字數；文言文亦然。二者相加，即得各學年所選字數。茲依上法計算，將依照部定時數者及依照教者所擬時數者分別列表如下：

表 7.15　各學年依照部定時數計算應選之文白字數

字數文白	初　　中			高　　中		
	一	二	三	一	二	三
文　言　文	乙13,200 甲19,800	15,312	23,580	33,600	甲30,912 乙61,824	甲44,000 乙88,000
白　話　文	乙48,496 甲72,746	36,000	34,260	20,988	甲11,200 乙22,400	

表 7.16　各學年依照教者所擬時數計算應選之文白字數

字　　高初中 　　數學年 文　白	初	中		高	中	
	一	二	三	一	二	三
文　言　文	乙 13,200 甲 19,800	20,416	1,440	44,800	甲 46,368 乙 77,280	甲 66,000 乙 110,000
白　話　文	乙 48,496 72,746	48,000	45,680	27,984	甲 16,800 乙 28,000	

註：高一之文白數字在抄寫上可能有誤

綜上表述，可得

一、部定之教學數量有待修正。

二、各學年精讀教材之數量宜依年遞增。

三、初中白話文之數量宜多於文言文之字數；而高中則反是。

（四）教材之銜接

中學教育在今日教育上可謂為一承先啓後之階段，則其教材之銜接問題當亦可概分為二：一為階段與階段之銜接—卽中學與小學、中學與大學之銜接是；一為階段間之銜接—卽初中與高中及各學年間之銜接是。

①中學與小學

部頒小學標準：規定小學畢業之兒童須能閱讀普通應用文字，並具備發表情意之能力。而一般教者之意見：則認為初中所收新生必須能寫二、三百字之白話通順短文。此二者並不相悖，唯一般小學畢業生未能如此樂觀；則在銜接方面宜授以高小程度之補充教材，俾適應改善之。

②中學與大學

對於高中學生國文程度之要求可分寫作、閱讀、欣賞三方面。就

寫作而言，白話須能寫富有文學意味者，文言須如報紙上之一般文章；就閱讀而言，白話除方言土言外須均能了解，文言則須能體會唐、宋八家古文；就欣賞而言，白話須爲較深者，文言須爲八家古文及唐、宋一般詩詞。則大學新生入學考試如依此種標準，即不能超過此種要求；入大學後之課程亦不應與此脫節。

③初中與高中

對於初中國文教學要求之程度：在寫作則白話須如報紙文章之流暢白話，文言須能寫三、五百字之通順短文，在閱讀則白話須能了解較易之詩歌小說，文言須能了解報紙上之一般文章；在欣賞其能力到達之程度與閱讀同。則高中錄取新生，其要求不應超過此種標準，而選擇教材亦應與之銜接。

④高初中各年級

初中與高中之銜接既如上述，則知各年級對於寫作、閱讀、欣賞之能力與興趣均係依年遞增；則教材之銜接自應注意由簡至繁，由易而難其變化宜漸進，而不可突進以免脫節而不克銜接。

綜上所述，可得：

一、無論階段之銜接抑階段間之銜接並無明顯、確切之分野，然其影響於國文學習與進度者頗巨。

二、欲明銜接之大概，必自寫作、閱讀、欣賞等因素分析之，始能得其輪廓。

三、銜接問題在教材之選編頗形重要，其要領不易驟然得之，必經累年之經驗了解而後可得之。

（五）教材之組織（單元問題）

教材組織之問題所涉範圍至廣，在前已多所重覆矣，此間僅就所謂單元問題加以討論。關於教材組織之單元編者、教者各有所見，或以某爲主，以某爲輔，或以某爲補充教材，均須視教學之情境而定。唯單元之成分則宜確定。茲綜述如下：

一、每一單元均須具有一明確之目的，此種目的須與其他單元有連繫性，而爲達成每一學年目標之手段者。

二、每一單元中須包含有獨特之因素，而可以爲完成單元目的之手段者。

三、單元中所含因素須爲能比較而且自成一系統者。

四、對單元中所含因素須能顧及其他比較價值。

五、單元與單元間須能比較而有系統。

六、在不違背單元目的之下，宜盡量適應學生興趣、時令、紀念日等。

教材之選編

先決問題旣已臚述如上，明乎此，則教材之選編當有所依循矣。除上述五項問題外，舉凡政府所頒有關法令與實際需要無甚枘鑿者均宜遵守之，蓋其法令之制定均經若干專家釐訂者也；其次學生之興趣爲選編客觀條件之一，因興趣與學習之效果息息相關，前已述之矣；而教者之經驗尤爲選編之重要參考，本章若干意見來自教者訪問，唯關於此點宜動用人力，廣事徵詢，則集思廣益，自可更進一步。茲就前述臚列中學國文精讀教材選編原則於下：

一、教材之選編宜盡量遵照政府所頒有關法令，尤其教育之中心目的方面。

二、教材之選編宜參酌教者之意見（就全國所有中學國文教師抽取一具有代表性之樣本，用問卷法或座談方式，徵詢有關意見歸納之。）

三、教材宜由易至難，且應注意學生之智慧差異。

四、教材文體及語文之比例宜就教者意見對教育部所定之標準有所修訂（如前述）。

五、教材之數量依年遞增，每時所教學者宜合乎「適當度」；初中白話文之數量，應多於文言文之數量，高中則反是。

六、敎材之銜接宜注意階段與階段及階段間之銜接，使學者免於脫節。

七、敎材之組織宜注重單元問題。

八、學生之興趣爲敎材選編重要因素之一，本章所作硏究不過揭其一端，尙待抽集一具有足夠代表性者之樣本，以求更客觀之事實。

九、敎材之內容亦卽選編工作之內容，宜兼重下述數點，俾發揮修德、養性、濬智、啓思等敎育功能。

　1. 時代之剖析

　2. 正確人生觀之培養

　3. 學生生活之介紹

　4. 品德之修養

　5. 智識之進益

十、敎材之選編宜注重學生之需要，以增强其學習動機。

附錄一　附表

附　表　目

表 1.12 學校分類之理解統計（量表甲）

（以一問題爲一單位）

類別	年級 / 統計	白話 初中一	初中二	初中三	高中一	高中二	高中三	文言 初中一	初中二	初中三	高中一	高中二	高中三
國立	N			138	104	28	16			138	104	28	16
	M±P.E.M			14.34±.15	13.82±.17	14.36±.37	14.25±.46			5.97±.14	5.55±.16	7.43±.53	5.06±.45
	σ±P.E.σ			2.65±.11	2.55±.12	2.94±.26	2.70±.33			2.52±.10	2.46±.11	4.14±.37	2.66±.32
省立	N	255	224	191	505	477	238	255	224	191	505	477	238
	M±P.E.M	11.67±.15	13.03±.13	13.69±.17	13.27±.09	14.04±.10	13.44±.12	3.90±.08	4.84±.10	5.55±.15	5.17±.08	6.31±.09	5.58±.12
	σ±P.E.σ	3.48±.11	2.89±.09	3.45±.12	3.04±.06	3.08±.07	2.77±.08	1.98±.06	2.29±.07	2.99±.11	2.74±.06	3.03±.06	2.84±.08
縣市立	N	261	176	273	131	83		261	176	273	131	83	
	M±P.E.M	10.66±.14	11.77±.17	12.53±.13	13.62±.17	13.89±.18		3.65±.09	3.56±.10	4.41±.09	4.90±.14	5.68±.22	
	σ±P.E.σ	3.32±.10	3.43±.12	3.24±.09	2.91±.12	2.54±.13		2.09±.06	2.04±.07	2.27±.06	2.34±.10	3.10±.16	
私立	N	576	563	690	739	456	229	576	563	690	739	456	229
	M±P.E.M	11.71±.10	13.03±.07	13.45±.07	13.73±.07	13.82±.09	14.00±.13	3.74±.06	4.62±.07	5.45±.07	5.89±.07	5.98±.09	6.61±.13
	σ±P.E.σ	3.57±.07	3.35±.07	2.91±.05	2.74±.05	2.98±.06	2.83±.09	2.02±.04	2.35±.05	2.85±.05	2.76±.05	2.79±.06	2.98±.09
教會立	N	80	60	190	300	252	171	80	60	190	300	252	171
	M±P.E.M	12.13±.24	12.55±.28	12.21±.15	13.61±.12	13.89±.13	13.89±.14	3.44±.11	4.28±.22	4.76±.13	5.25±.11	5.17±.14	5.67±.14
	σ±P.E.σ	3.15±.17	3.20±.20	2.98±.11	3.13±.08	2.95±.09	2.69±.10	1.46±.08	1.62±.16	2.56±.09	2.80±.08	2.83±.08	2.74±.10
大學入學考試錄取年級中試生	N					72	279					72	279
	M±P.E.M					15.00±.22	15.01±.11					7.81±.23	7.92±.13
	σ±P.E.σ					2.79±.16	2.76±.08					2.89±.16	3.17±.09

常模

	初中一	初中二	初中三	高中一	高中二	高中三
N	1172	1023	1482	1779	1373	933
M±P.E.M	11.49±.07	12.83±.07	13.46±.05	13.60±.05	13.99±.05	14.14±.06
σ±P.E.σ	3.50±.05	3.28±.05	3.06±.04	2.92±.04	2.98±.04	2.83±.04
N	1172	1023	1482	1779	1373	933
M±P.E.M	3.73±.04	4.46±.05	5.23±.05	5.48±.04	6.05±.05	6.54±.07
σ±P.E.σ	2.00±.03	2.34±.03	2.75±.04	2.74±.03	3.00±.04	3.12±.05

註：N＝人數　M＝均數　σ＝標準差　P.E.＝機誤　　量表甲

表 1.13　學校分類之速率統計（量表甲）

白話文速率（每分鐘閱讀字數）

類別		初中一	初中二	初中三	高中一	高中二	高中三
國立	人數			138	104	28	16
	中數			367.8	381.6	381.6	420.0
省立	人數	249	222	191	503	477	238
	中數	256.8	286.2	303.0	289.2	309.6	303.0
縣立市	人數	260	176	273	131	88	
	中數	222.6	241.2	260.4	293.4	307.2	
私立	人數	572	561	687	737	454	230
	中數	233.4	260.4	299.4	321.0	338.4	340.2
教會立	人數	80	60	190	296	252	171
	中數	206.4	243.0	276.6	284.4	301.8	310.8
中學畢業大學考取入試生	人數					72	276
	中數					273.0	301.8
常模	人數	1161	1019	1479	1771	1371	931
	中數	234.0	260.4	294.0	306.0	315.6	314.4

文言文速率（每分鐘閱讀字數）

類別		初中一	初中二	初中三	高中一	高中二	高中三
國立	人數			138	104	28	16
	中數			235.2	243.0	232.8	218.4
省立	人數	249	222	191	503	477	238
	中數	184.8	195.0	210.6	190.8	202.3	205.8
縣立市	人數	260	176	273	131	88	
	中數	173.4	177.6	187.2	196.2	202.2	
私立	人數	572	561	687	737	454	230
	中數	183.6	196.2	203.4	205.8	221.4	213.0
教會立	人數	80	60	190	296	252	171
	中數	163.2	160.8	186.6	190.8	196.8	190.8
中學畢業大學考取入試生	人數					72	276
	中數					183.0	197.4
常模	人數	1161	1019	1479	1771	1371	931
	中數	180.6	190.2	201.0	199.2	205.8	201.6

表 2.05　量表甲乙與學校成績之相關（效度表示）

（蘇州振華女子中學）

年　　　級	初 中 一	初 中 二	初 中 三	高 中 一	高 中 二	高 中 三
量表甲　白話　N	47	47	33	28	14	9
r	.41	.20	.30	.77	.79	.73
文言　N	47	47	33	28	14	9
r	.38	.32	.34	.68	.78	.60
量表乙　白話　N	46	49	35	28	15	11
r	.49	.25	.42	.29	.50	.59
文言　N	46	49	35	28	15	11
r	.20	.28	.37	.88	.46	.59
量表甲總分　N	47	47	33	28	14	9
r	.53	.32	.35	.81	.90	.76
量表乙總分　N	46	49	35	28	15	11
r	.54	.35	.41	.70	.52	.72

表 2.06　量表甲乙與學校成績之各種相關（效度表示）

（蘇州振華女子中學）

年　　　級	初 中 一	初 中 二	初 中 三	高 中 一	高 中 二	高 中 三
零級相關　N	47	47	33	28	14	9
r_{12}	.53	.32	.35	.81	.90	.76
N	46	49	35	28	15	11
r_{13}	.54	.35	.41	.70	.52	.72
N	46	47	33	28	13	9
r_{23}	.39	.68	.51	.66	.60	71
一級相關　$r_{12 \cdot 3}$	.41	.12	.18	.65	.86	.51
$r_{13 \cdot 2}$	.43	.19	.29	.38	.05	.39
多數相關　$r_{1 \cdot 23}$	.64	.37	.44	.84	.90	.80

註 1　代表學校成績

　　2.　代表量表甲文白總成績

　　3.　代表量表乙文白總成績

表 2.07 文白測驗理解與速率之相關（量表甲）

年　級	初　中　一	初　中　二	初　中　三	高　中　一	高　中　二	高　中　三
N	24	25	34	41	39	29
白話文理　r±P.E.r	.2506±.1290	.3929±.1141	.2756±.1069	.0319±.1052	−.1496±.1056	−.0025±.1252
解與其速　Yyx±P.EYyx	.7232±.0657 曲	.6393±.0798 直	.4625±.0191 直	.4314±.0859 直	.4702±.0841 直	.6509±.0721 曲
等之相關　Yxy±P.Eyxy	.5386±.0977 直	.4941±.1020 直	.7789±.0455 曲	.4977±.0792 直	.4832±.0828 直	.5073±0.930 直
文言文理　r±P.E.r	.4157±.1139	.3588±.1175	.4822±.0888	.2808±0970	.1144±.1066	.4950±.0945
解與其速　Yyx±P.EYyx	.7309±.0641 直	.6832±.0720 直	.7548±.0498 曲	.5122±.0777 直	.5797±.0717 曲	.5891±.0818 直
等之相關　Yxy±P.Eyxy	.7200±.0663 直	.4645±.1057 直	.7323±.0537 直	.5415±.0744 直	.5543±.0766 直	.5543±.0868 直

註一：N＝班級數　　r＝相關係數　　P.E.＝機誤

　　　Yyx＝Y在x上之相關比

　　　Yxy＝x在y上之相關比

註二：本表理解力係根據各校各級之平均 S. D. 值

　　　速率係根據各校各級之中數求得

表 2.12　文白測驗文白速率之相關（量表甲）

年　級	初中一	初中二	初中三	高中一	高中二	高中三	全體
N	24	25	34	41	39	29	192
r±P.E.r	.8720±.0329	.7887±.0509	.8180±.0383	.6405±.0621	.4786±.0833	.5495±.0875	.7148±.0238
Yyx±P.E.Yyx	.9404±.0160 直	.9664±.0090 直	.9169±.0184 直	.7763±.0417 直	.6537±.0619 直	.8565±.0333 曲	.7530±.0211 直
Yxy±P.E.Yxy	.8974±.0269 直	.8339±.0318 直	.9239±.0169 直	.8836±.0231 直	.6289±.0653 直	.6570±.0721 直	.7575±.0207 曲

註一：N＝班級數　　r＝相關係數　　P.E.＝機誤
　　　Yyx＝Y在x上之相關比
　　　Yxy＝x在y上之相關比
註二：本表係根據各校各班級之中數求得

表 2.14　初、高中及初高全體文白之相關（量表甲）

分部　　　　成績類別	初中部	高中部	全體
N	83	109	192
r±P.E.r	.6588±.0419	.4694±.0504	.6866±.0257
Yyx±P.E.Yyx	.7027±.0375 直	.5800±.0429 曲	.7240±.0232 直
Yxy±P.E.Yxy	.7336±.0342 直	.5011±.0484 直	.7113±.0241 直

註一：N＝班級數　　r＝相關係數　　Yyx＝Y在x上之相關比
　　　Yxy＝x在Y上之相關比　　P.E.＝機誤
註二：本表係根據各校各級之平均 S. D. 值求得

表 2.15　文白理解之相關（量表甲）

年級		初中一	初中二	初中三	初中各級合計※	總平均	高中一	高中二	高中三	高中各級合計※	總平均
北師大附中	N									64	
	r									.37	
女師大附中	N									84	
	r									.46	
松江女中	N				38						
	r				.11						
上海中學	N	99	74	32							
	r	.29	.40	.36							
蘇州女中	N									63	
	r									.24	
揚州中學	N						76	53	38		
	r						.46	.39	.44		
振華女中	N	48	46	33						52	
	r	.03	.56	.29						.62	
光華中學	N	74	40	50			95	58	28		
	r	.32	.23	.28			.29	.46	.61		
南開中學	N						22.3	134	88		
	r						.46	.26	.35		
南開女中	N						32	27	20		
	r						.38	.55	.64		
弘道女中	N				55					62	
	r				.39					.34	
清心女中	N									29	
	r									.42	
蕙蘭中學	N									117	
	r									.61	
天津中西	N									25	
	r									.34	
北平貝滿	N									86	
	r									.34	
總平均	N				589					1454	
	r				.34					.43	

※人數太少。故合併計算

表 2.16　試驗曲線常態性之統計常數（量表甲）

類別	白話語文						文言文					
年級	初中一	初中二	初中三	高中一	高中二	高中三	初中一	初中二	初中三	高中一	高中二	高中三
理解　χ^2	70以上	70以上	70以上	70以上	70以上	70以上	70以上	70以上	70以上	70以上	70以上	70以上
理解　n^1	19	19	16	15	15	14	12	12	15	14	14	14
理解　P	0	0	0	0	0	0	0	0	0	0	0	0
速率　χ^2	70以上	70以上	70以上	70以上	70以上	70以上	70以上	70以上	70以上	70以上	70以上	70以上
速率　n^1	10	9	13	15	13	14	8	14	10	9	13	8
速率　P	0	0	0	0	0	0	0	0	0	0	0	0

附錄二　統計名詞釋要

1. 均數 (Mean)：平均數爲一模範值，用以總括或形容一羣之材料；且爲確定集中趨勢位置之一量數。包括算術平均數、中位數、衆數、幾何平均數、均方根平均數等。此處所指僅爲算術平均數等。簡寫爲M，基本公式爲：

$$M = \frac{\sum x}{n}。$$

2. 中數(Mediam)：項目依其大小排列，其中間一項目之值爲中數，倘項目之數爲双數，則居中二項目之算術平均數爲中數。簡稱Md，最簡之公式爲：

$$Md（位數）\rightarrow \frac{n+1}{2}$$

3. 幾何平均數(Geometric mean)：幾何平均數爲n數值之乘積之n次方根。簡寫爲Gm公式爲：

$$Gm = {}^n\sqrt{X_1 \cdot X_2 \cdot X_3 \cdots\cdots Xn}$$

4. 上四分點 (Upper Quartile)：簡寫爲Q_1當次數分配之離差勢增加時，四位位數間之距離隨之加大。所謂上下四分點者，卽底線全長四分之一處及四分之三處是也。倘分配完全對稱，上、下四分點與中數之距離相等。而兩四分點間距離之一半卽代表任何一四分點之距離，此數值卽作爲離勢之量數。公式：$QD = \frac{Q_3 - Q_1}{2}$（QD＝四分位差。）

5. 下四分點 (Lower quartile)：簡寫爲Q_3意義見4。

6. 標準差 (Standard deviation)：標準差爲從算術平均數而求得之平均差之特殊一種，其計算方法係求各數項對於算術平均之差數之均方根平均數。符號爲σ，公式爲：$\sigma = \sqrt{\frac{\sum(x^2)}{N}}$

7. 均差 (Mean deviation)：各數項對其平均或中位數之差數之平均。符號爲MD，基本公式爲：

$$MD = \frac{\sum |x|}{N}$$

8. 兩極距(Range)：亦稱全距，符號爲R；卽離勢數量之最簡單者，爲數列中最小與最大項目之差。有時卽以最小數值與最大數值之差爲表示全距之方式。公式爲：$R = Xn - X_1$

9. 差異係數(Coefficient of Variation)：符號爲V，用以表示離勢量數與平均數之關係。公式爲：

$$V = \frac{\sigma}{M_d} \times 100$$

10. 樣本 (Sample)：統計技術應用於某種材料之上可資分析之用；但材料過於
冗繁不易處理時，取其部分以同樣之技術處理之，亦可對於全部材料作一概
論此部分具有代表全部或全體 (Total Population) 之樣品即稱爲樣本。

11. 克方 (Chi square)：簡寫爲 χ^2，克方爲統計上之一種測驗方法，用以測驗
分配之是否常態及其可能性之大小。

12. 自由度 (Degree of freedom)：1908葛色特 (Gosset) 提出此問題。如 x ＋
y ＝ b，通常二變數 x、y 均可變化。然如 x 可自由，則 y 必有限制；反之，
y 如自由，則 x 必受限制。公式爲：

$$n^l \text{（自由度）} = n - r$$

中華哲學叢書

中學國文教學心理學

作　　者／艾　偉　著
主　　編／劉郁君
美術編輯／本局編輯部

出 版 者／中華書局
發 行 人／張敏君
副總經理／陳又齊
行銷經理／王新君　林文鶯
地　　址／11494 台北市內湖區舊宗路二段181巷8號5樓
客服專線／02-8797-8396　　傳　　真／02-8797-8909
網　　址／www.chunghwabook.com.tw
匯款帳號／華南商業銀行　　西湖分行
　　　　　179-10-002693-1　中華書局股份有限公司

法律顧問／安侯法律事務所
製版印刷／維中科技有限公司　海瑞印刷品有限公司
出版日期／2021年1月四版
版本備註／據1979年11月三版復刻重製
定　　價／NTD 300

國家圖書館出版品預行編目（CIP）資料

中學國文教心理學/艾偉著. —四版.— 臺北市：
中華書局, 2021.01
　面；公分. —（中華哲學叢書）
　ISBN 978-986-5512-40-8(平裝)

1.國文科 2.中

524.31　　　　　　　　　　　　109019561